Alexander Osang
Die stumpfe Ecke

Alexander Osang

Die stumpfe Ecke

Alltag in Deutschland
25 Porträts

Mit einem Interview von Alexander Kluge
und Fotos von Wulf Olm

Ch. Links Verlag, Berlin

Fotonachweis:
Neben Wulf Olm waren folgende Fotografen an diesem Buch beteiligt:
Rolf Nobel (Seite 119, 125, 129, 133)
Peter Studré (Seite 161)

Die Deutsche Bibliothek – CIP-Einheitsaufnahme

Osang, Alexander :
Die stumpfe Ecke: Alltag in Deutschland; 25 Porträts und ein Interview/Alexander Osang. – 3. erw. Aufl. – Berlin: Links, 2002
ISBN 3–86153–259-X

3., erw. Auflage, März 2002

Schönhauser Allee 36, 10435 Berlin, Tel. (030) 44 02 32–0
www.linksverlag.de; mail@linksverlag.de
Umschlaggestaltung: KahaneDesign, Berlin
unter Verwendung eines Fotos von Wulf Olm
Satz und Lithos: LVD GmbH, Berlin
Druck und Bindung: Friedrich Pustet, Regensburg

ISBN 3-86153-259-X

Inhaltsverzeichnis

Vorwort

Über den Unterschied zwischen »Stumpfer Ecke« und »V.I.P.-Schaukel«

Einmal war ich Talkgast. Das Thema der Talkshow lautete: Kommunalpolitische Interessen und ihre lokaljournalistische Umsetzung oder so ähnlich. Klang langweilig, ich wußte nicht andeutungsweise, worum es gehen soll, habe aber aus lauter Eitelkeit zugesagt. Und, weil Regine Hildebrandt versprochen hatte, auch zu kommen. Leider fehlte sie zuerst. Da saßen nur ein CDU-Politiker aus Oranienburg, der PDS-Vorsitzende Lothar Bisky, ein lustiger, älterer Professor aus Süddeutschland und jemand von einer Potsdamer Werbeagentur.

Die Diskussion begann etwas schleppend, aber dann kriegten sich der CDU-Mann und der lustige Professor in die Haare, und schließlich mischte sich auch Bisky ein. Nur der Mann von der Werbeagentur und ich hatten noch nichts gesagt. Ich hatte auch nicht das Bedürfnis. Ich trank Wasser, hoffte, daß mich jemand anspricht und dem Mann von der Werbeagentur auch nichts einfällt. Doch dann meldete er sich zu Wort und redete nicht einmal Unsinn, wie ich fand.

Das ganze begann mich an meine schlimmsten Seminare in Politischer Ökonomie zu erinnern, in denen ich heimlich durchzählte, wer außer mir noch nichts gesagt hatte. Es wurden immer weniger, immer weniger, bis ich schließlich ganz allein dasaß …

Ich goß Wasser nach und wartete auf eine Idee. Schließlich ging die Tür auf und Regine Hildebrandt stürzte herein, brüllte: »'N Abend. Tschuldigung, dit ick zu spät komme« und riß die Diskussion dankenswerterweise für eine Viertelstunde an sich. Sie beschimpfte Bonn, die CDU, den Westen und ein bißchen auch die Journalisten. Sie stocherte drohend mit dem Finger in meine Richtung, was meine erste Äußerung, ein kokettes Na-Na-Na-Räuspern, möglich machte, welches mir eigenartigerweise eine gewisse Erleichterung verschaffte. Ich hoffte, daß das Publikum vielleicht vergessen könnte, daß ich der einzige war, der noch nichts gesagt hatte.

Aber irgendwie lief dann alles weiter wie bisher, alle redeten, nur ich nicht, die Talkrunde näherte sich ihrem Ende, wahrscheinlich hielt man mich im Publikum für den Ziehungsleiter oder den Notar, mein Mineralwasser war schon lange alle, ich hatte immer noch keine Vorstellungen vom Zusammenhang zwischen Kommunalpolitik und Lokaljournalismus, da sprach mich die Moderatorin an. Ich lächelte in das große schwarze Loch.

Und redete los. Ich berichtete von der Unterhaltungsfunktion des Journalismus, davon, daß Politiker aber oft langweilige Sachen sagen, selbst Kommunalpolitiker, und sich deshalb nicht zu wundern brauchen, daß sie sich kaum in der Presse wiederfinden. Niemand widersprach, mehr noch, ich glaubte, in einer der hinteren Reihen ein zustimmendes Nicken erkannt zu haben. Ich redete weiter und weiter, schließlich endete ich mit der Feststellung, daß die Presse vor allem ein Gewerbe und im übrigen nur eine schlechte Nachricht überhaupt eine Nachricht sei.

Die erste Reihe guckte zweifelnd. Regine Hildebrandt bellte kurz: »Dabei sehen Sie ganz vernünftig aus, junger Mann«! Der Saal lachte. Mir fiel nichts ein. Die Moderatorin sprach das Schlußwort, dann meldete sich noch einmal Regine Hildebrandt und sprach *ihr* Schlußwort, dann war aus. Ein Alptraum ging zu Ende.

Das sollte mir nicht noch einmal passieren.

Von nun an sah ich Talkshows aus anderem Blickwinkel. Ich saß nicht mehr vorm Fernseher, ich saß bei Biolek im Korbstuhl, lümmelte auf Gottschalks Couch, stand bei Meyer an der Schranke. Ich gab Antworten. Ich trainierte Antworten. Schnell, schlagfertig, komisch. Die besten Antworten sind universell einsetzbar. Sie haben nichts mit der Frage zu tun. Was interessiert die Frage, wenn der Saal über die vermeintliche Antwort brüllt. Ich wußte nun, daß ich, statt blöd zu grinsen, Frau Hildebrandt ins Gesicht hätte schleudern müssen: »Gerade Sie müßten doch wissen, daß man Menschen nicht nach ihrem Äußeren einschätzen soll.«

Ich begriff, wie man zum perfekten Talkshowgast wird. Und endlich wußte ich auch, warum Prominente in Talkshows und in Interviews immer das gleiche erzählen. Die universell einsetzbaren Antworten!

Es ist ja so: Selbst der abgebrühteste Journalist behält immer ein wenig Hoffnung, daß er dem berühmten Menschen mehr entlockt, als alle anderen Reporter zuvor. Er bildet sich ein, bessere, intelligentere, überraschendere, andere Fragen zu stellen und dafür ehrlichere Antworten zu bekommen. Und die Prominenten tun auch so, als sei man der erste, dem sie das jetzt erzählen. Und natürlich spielt man mit. Obwohl man die Pointe mitsprechen könnte.

Gunter Emmerlich vertraute mir an, welche Augen sie in der ersten Reihe machten, als er Helga Hahnemann zurief, sie sei als Schokoladenmädchen nicht die einzige Fehlbesetzung im Lande. Hundertmal gelesener Beweis seiner Aufmüpfigkeit. Der Berliner Jugendsenator Thomas Krüger prahlt seit Jahren damit, daß er immer noch aus den sozialistischen Balladen von »Kuba«, Kurt Barthel, zitieren kann, und der Fußballer Frank Rohde berichtete mir, was ich aus der Zeitung wußte: Er hat im Politunterricht beim BFC Dynamo immer geschlafen. Ein verführerisch gutes Bild für sanften Widerstand.

Deshalb schreibt man es auch immer wieder auf. Die Journalisten sind die, die das Spiel begonnen haben. Sie fragen und fragen und fragen, sie zwingen die Prominenten zum Stereotyp. Weil, soviel neue Geschichten gibt's nicht einmal in einem abwechslungsreichen Prominentenleben zu erleben.

Gut zu wissen, daß auch Journalisten in die von ihnen ausgelegten Fallen tappen. Sobald sie prominent sind. Als die Reporter der *Berliner Zeitung* einmal, was wirklich nur ganz selten vorkommt, ein Bier mit unserem Herausgeber Erich Böhme tranken, fragten wir ihn nach seiner Talkshow zum Thema »Outing«, die durch die Anwesenheit des völlig zugedröhnten, schwer lallenden Schauspielers Helmut Berger einen gewissen Kultstatus erlangte. Böhme überlegte einen Moment, lächelte kurz und sagte dann: »Was wollen Sie denn, das paßte doch zum Thema. Der Berger hat sich doch selbst geoutet.« Geradeso als sei ihm diese kleine Wortspielerei eben eingefallen, erzählte er es. Ein paar Tage später las ich in einem Wochen vorher geführten *Stern*-Interview mit Erich Böhme eben diesen Satz. Genau die gleiche Formulierung.

Manchmal trifft es einen nach all den Porträts immer noch wie am Anfang. Man will einfach nicht glauben, daß sie das alles schon zigmal erzählt haben. Daß man, je nach dem Bekanntheitsgrad seines Gesprächspartners, nur der dritte, vierte oder fünfzigste ist, dem er die Geschichte jetzt auftischt. Sie wissen ganz genau, was ankommt. Sie schmücken es aus, feilen an den Pointen, bis sie hundertprozentig passen, manchmal erzählen sie sie auch immer wieder deckungsgleich. Und irgendwann, wenn sie richtig bekannt sind, besteht ihr ganzes Leben aus kleinen lustigen Geschichten. Eine Perlenschnur von Anekdötchen, die sie hunderte Male erzählt haben.

Das ist ein bißchen tragisch für sie. Und ein bißchen langweilig für die Journalisten. Wenn man aber überlegt, was für interessante Lebensgeschichten, Beichten und einmalige Schicksale von weniger prominenten Menschen ein Reporter so wegwirft, ist es sogar ein bißchen ärgerlich.

Neulich habe ich Anton Odars Lebensbeichte weggeworfen.

Wir saßen in einer verräucherten Kneipe in Waltersdorf bei Berlin. Ein kleines Dorf, dem gegenüber ein riesiges hochmodernes Einkaufszentrum aus dem märkischen Acker gewachsen war. Ich recherchierte ein bißchen rum, redete mit dem halben Dorf und traf Odar in der »Hecke«, einer Imbißbude, in der man nicht weiß, ob einem vom ranzigen Pommesöl, dem Zigarettenqualm oder dem Bauarbeiterschweiß die Augen tränen. Weil das Flaschenbier billig ist und Odar sowieso den ganzen Tag zu Hause sitzt, kommt er manchmal abends hierher. Meistens sitzt er allein am Tisch, der neben der Getränkeluke steht. Er ist ein Außenseiter geblieben.

1940, als Odar sieben Jahre alt war, kam seine Familie aus Jugoslawien zurück ins Reich. Sie landete in Waltersdorf, sein Vater fand Arbeit im Flugzeugmotorenwerk, ging dann zum Volkssturm nach Berlin und wurde später von der sowjetischen Administration als »Verantwortlicher« herangezogen, weil er die russische Sprache von allen Dorfbewohnern am ehesten deuten konnte. »Er war ein ziemlich beweglicher Typ«, sagt Odar.

Sein Vater wurde LPG-Chef und 1950, als Odar siebzehn Jahre alt war, von einem LKW der Nationalen Front über den Haufen gefahren. Es war glatt, der LKW war irgendwie ins Schleudern gekommen und hatte den alten Odar vom Fahrrad gerissen. Sie luden ihn auf und fuhren ihn ins nahegelegene Krankenhaus Hedwigshöh, dort gab ihm eine Krankenschwester ein Bier und schickte ihn erst mal wieder nach Hause. Anton Odar hakte seinen Vater unter, gemeinsam stapften sie über die Felder zurück. Am nächsten Morgen war der Vater tot. An inneren Blutungen verstorben. Niemand stellte die Schuldfrage.

Odars Mutter begann als Reinigungskraft zu arbeiten, er selbst fing im Betonwerk Grünau als Anlagenfahrer an. Er heiratete, zeugte drei Kinder und tat alles dafür, daß sie studieren konnten. Sie studierten, heute sind sie arbeitslos. Wie die Eltern. Der Sohn, ein diplomierter Lebensmitteltechnologe, findet vielleicht, wenn alles gut geht, eine Arbeit als Tischler.

1991 haben sie Odars Wohnhaus weggerissen, weil genau dorthin der neue IKEA-Markt hingesetzt werden sollte. Es war nur ein altes schäbiges Mietshaus, und man hat den Bewohnern neue Eigentumswohnungen am anderen Ende des Dorfes dafür geschenkt. Keiner konnte sich vorstellen, daß Odar und seine Frau trotzdem traurig waren, als sie die letzte Kiste aus dem Haus trugen, in dem sie die längste Zeit ihres Lebens verbracht hatten. Deswegen hat es Odar auch gar niemandem erzählt.

Seine Frau hat sich nicht gewehrt, als sie nach dreißig Jahren als stellvertretende Bürgermeisterin, nie in der Partei und jeden Tag zehn, zwölf Stunden gearbeitet, von der jungen Karrieristin, die gleich nach der Wende aus der SED austrat, einen Tritt in den Hintern bekam. »Es ist eben so«, pflegt ihr Mann zu sagen. Eine Haltung, die er hat, seit sie ihn in der Schule als Ausländerkind hänselten.

Wir haben drei, vier Stunden in der Kneipe gesessen. Zum Schluß waren Odars Wangen ganz rot. Ein bißchen von den Schnäpschen, ein bißchen vom Erzählen. Er hätte gar nicht gedacht, daß er soviel zu berichten hat.

Ein paar Tage später habe ich ihn noch mal in seiner Wohnung besucht. Als seine Frau erzählte, wie sie rausgeschmissen wurde, ist Odar rausgegangen, in die Küche, weil er weinen mußte. Wir haben wieder lange geredet, über das Leben auf dem Dorf. »Wir sind hier irgendwie hängengeblieben«, sagt Anton Odar.

Als ich ging, fragte mich seine Frau: »Sie haben ja alles mitgeschrieben, was wir gesagt haben. Was wollen Sie eigentlich mit dem ganzen Zeug? Das interessiert ja doch keinen.«

Ich habe ihr widersprochen, natürlich. Aber in meinem Bericht über Waltersdorf und sein Gewerbegebiet tauchten weder Anton Odar noch seine Frau auf. Ich hoffe, die beiden haben ihn nicht gelesen. Sie hätten sich wohl bestätigt gefühlt, daß ihr Leben niemanden interessiert.

So ein kleines, einfaches Leben, ohne Höhepunkte.

Dezember 1993

Eine Gulaschsuppe, ein Bier

Kohlen-Kalle, Willy, Conny, Kurt und der Heizer vom Kino UT verbringen die ersten Stunden des Tages in der alten Oberschöneweider Kneipe »Stumpfe Ecke« – Und manchmal bleiben sie auch länger

Früh um fünf hat Willys Kopf noch Ruhe. Die Dunkelheit ist allmächtig, weil Willy sie nicht löschen kann. Ihm fehlt der Strom. Sie haben ihn abgeschaltet. »Sie«, die andere Macht neben der Dunkelheit, der Willy chancenlos ausgeliefert ist. Ein undurchsichtiger Cocktail aus Treuhand, dem »Verkehrsministerarsch«, der »Zicke vom Arbeitsamt«, der *Ebag* und der Wohnungsbaugesellschaft Köpenick, zusammengemixt und über Willy ausgegossen. Wenn Willys schwerer, geschundener Kopf träumt, dann davon, nicht allzu zeitig aufzuwachen.

Er kann jetzt noch nicht runter in die Kneipe gehen. Seine Zeit beginnt erst um zehn, wenn die Nachtschicht raus ist, und endet um halb zwei, bevor die Frühschicht kommt. In diesem Zwischenraum sieht er seine Freunde. Freunde ist vielleicht zuviel gesagt. Sagen wir: Ansprechpartner. Conny, Kurt, den Heizer vom Kino UT, Klaus, der jetzt immer mal seine Frau mitbringt, Müller, Peter, »den du nie besoffen erleben wirst«, und natürlich Kohlen-Kalle.

Gegen halb sechs erfährt die Wilhelminenhofstraße ihren ersten Wiederbelebungsversuch. Richtig atmen wird sie den ganzen Tag nicht mehr, dazu ist sie schon zu tot. Zumindest rumpeln nun ein paar Straßenbahnen durch das alte Berliner Industriegebiet Oberschöneweide. Es stehen nicht mehr allzu viele Leute in ihrem matten Licht. Die Verkehrsbetriebe konnten den Fahrplan entschlakken, denn nur ein Bruchteil der ehemaligen KWOer, TROer und WFler müssen in diesen Zeiten noch zur Arbeit. Und die Autos stauen sich nur auf den Straßen, die aus Oberschöneweide hinausführen.

In den Fenstern der Wohnhäuser, die den alten backsteinernen Fabrikgebäuden gegenüberstehen, hängen keine

Schwibbögen. Es ist ja kaum noch jemand da, der sie anzünden könnte. Die meisten Wohnungen stehen leer, die Häuser warten widerstandslos auf ihren Abriß. In den Erdgeschossen hat man die Leichen mit ein paar bunten Jeansshops, Bäckerläden, Zeitungskiosken und Fernsehgeschäften geschminkt. Dazwischen trotzt die Kneipe »Stumpfe Ecke« seit den zwanziger Jahren allen Krisen.

Um sechs duscht die Nachtschicht des Kabelwerkes, um sechs leiert Jörg Wietrychowski die grauen Rollos seiner Kneipe hoch. Früher, als im KWO noch fast sechstausend Leute gearbeitet haben, drängte sich um diese Zeit schon eine geduschte Menschentraube vor der Tür. Heute steht da niemand anderes als die dunkle Nacht. Viertel sieben kommen die ersten. Drei Hände voll abgekämpfter Nachtschichtler und zwei, drei Leute, die nicht mehr schlafen können.

Es ist kalt in der »Stumpfen Ecke«, und aus dem frisch geheizten Ofen qualmt es. Die Arbeiter stürzen die ersten beiden Biere runter, rauchen und verlieren die zwei obligatorischen Spielautomaten, die in der Ecke baumeln, nicht aus den Augen. Viel geredet wird nicht.

Früher spannte sich ein langer Doppeltresen quer durch den Raum. Die Jungs von der Nachtschicht warteten in vier dichtgeschlossenen Reihen davor auf das nächste Bier. Zwei Wirtsleute zapften unentwegt Gläser voll, die drei Kellnerinnen schnellfüßig zu den Verbrauchern schleppten. Heute schaffen Jörg und Conny Wietrychowski das bequem zu zweit. Den alten Doppeltresen gibt es nicht mehr. Der Wirt hat ihn rausgeschmissen, genau wie das restliche Mobiliar, er hat Holztische und Stühle hingestellt, die man bei gutem Willen rustikal nennen kann. Der neue Tresen sieht aus wie eine Anbauwand. Mit Glasteil. Der Wirt findet das gemütlich und seine Gäste auch.

»Dit war eine totale Räucherkneipe, uff deutsch gesagt«, erinnert sich Hans-Joachim Hörnicke, der hier seit den fünfziger Jahren verkehrt. »Das Bier hatte nie eine Blume. Weil es so schnell ausgeschenkt wurde«, ergänzt Peter Conrad. »Du hast dich beeilt, als erster unter der Dusche zu sein, und bist dann praktisch im Laufschritt rübergerannt, um noch einen Platz zu kriegen«, weiß Andi, der Maschinenhelfer. Ja und hinten, da wo jetzt die hölzerne

STUMPFE ECKE
Imbiss
CAMEL
Gepflegte
Biere
-
Imbiss

Sitzgruppe steht, gab es zwei lange Tische, die für sie, die Starkstromkabelhersteller, reserviert waren. Tische, die nie leer wurden. Die Gäste wechselten im Schichtrhythmus. Je mehr sie darüber reden, desto sentimentaler werden ihre Klagen. Irgendwie war es ja doch schön. »Damals«, faßt es Vorarbeiter Peter Conrad zusammen, »sind wir hier rübergekommen, weil es Spaß machte, heute kommen wir aus Frust.« Seine Kollegen nicken zustimmend. Die nächste Runde trifft ein.

Wir bleiben ein bißchen bei den alten Zeiten, die bei jedem Bier besser und lebendiger werden. Conrad, der neunundzwanzigjährige Vorarbeiter, erzählt die unglaubliche Geschichte aus der Berliner Akkumulatorenfabrik, wo er einst gearbeitet hat. Von »hochwertigen« Giften spricht er, vor allem von Blei. »Die Leute hatten gelbe Gesichter, die Zähne fielen ihnen aus, und die Fingernägel wuchsen nicht mehr. Aber die Kohle hat gestimmt. Leider mußte ich aus gesundheitlichen Gründen aufhören.« Leider!

Er wechselte ins KWO, weil auch dort die Kohle stimmte. »Ich hab zwar gearbeitet wie ein Ochse, wenn ich dann aber am Tresen stand und hab den Leuten gesagt, ich verdiene fast zweitausend Mark im Monat, da war Ruhe in der Kneipe. Mensch, da haste doch noch was dargestellt.« Glucksend läuft das Bürgerbräu in Conrad. »Und heute traust du dich kaum noch zu sagen, daß du immer noch in einem der Großbetriebe arbeitest. Du schleichst hier aus'm Tor, damit dich ja keiner erkennt.« Er sei stolz gewesen damals, aus dem Kabelwerk zu kommen.

Und weil's so schön ist, hängt Conrad die MMM-Geschichte gleich noch mit ran. »Regie 2000« hieß das Gerät, das er in der Jugendneuererbewegung »Messe der Meister von morgen« mitentwickelt habe. »Das war ein Knüller, Mann. Zum Schluß stand das Ding auf einem goldenen Tablett auf der Messe. Die haben sich fast drum geprügelt.« Ja, damals spielte der 1. FC Union auch noch in der Oberliga.

Heute verdient Andi nicht einen Pfennig mehr als vor der Wende und erinnert sich an den Einigungsvertrag. »Die Mieten sollten proportional zu den Einkommen steigen. Ich hab früher tausendvierhundert Mark verdient und verdiene jetzt tausendvierhundert. Aber meine

Wohnung kostet inzwischen vierhundertfünfzig Mark, kalt.«

Die Redefetzen schnippen wie eine Flipperkugel zwischen »MMM« und »SED-Regime« hin und her. So richtig wissen die Jungs nicht mehr, auf wen sie schimpfen sollen. Da sind die Angestellten, »die die dicke Kohle abfingern«, »Stasi-Typen, die bei uns noch gigantische Abfindungen kassiert haben«, andererseits ist da ein neues Berlin, das immer »irrer« wird, »vor allem, wenn jetzt noch die Bonzen aus Bonn anrücken«. Jemand schlägt vor, aufs Dorf zu ziehen, am besten ins Land Brandenburg. Langsam dämmert es in der Wilhelminenhofstraße.

Peter Conrad wundert sich, daß man die überproduzierten Kabeltrommeln auf ihrem Werkhof zerstört, »statt sie an Entwicklungsländer zu verschenken«, fünf Sätze später stellt er fest: »Deutschland soll sich erst mal alleine aus dem Dreck ziehen, bevor es sich um andere kümmert.« Sie trinken mehr als ihre üblichen drei Schlafbiere. Irgendwann sagt Andi: »Wer rumhängt, ist selber schuld. Arbeit gibt es immer. Wenn die Leute sich gehenlassen, guck ich schon mal weg. Auch wenn's ehemalige Kollegen sind.«

Hörnicke ist leise geworden. Fünfzehn Tage hat er noch zu arbeiten. Dann ist Schluß. Es wird wieder eine Nachtschicht sein, gefolgt von einem Tag, an dem er die übliche Runde durch die Verwaltung dreht. 1952 hat er im Kabelwerk angefangen, jetzt ist er fünfundfünfzig, und der Winter steht vor der Tür. Im Sommer hat er seine Laube.

Draußen hat die Dämmerung die Nacht besiegt. Leise und unbemerkt haben sich die ersten beiden Trinker dieses Tages auf die Tische neben dem Klo verteilt. Ihre Gläser stehen ordentlich ausgerichtet vor ihnen. Sie leeren sie in den erforderlichen Schüben. Hörnicke trinkt aus und zahlt. Er ist heute schon viel zu lange hiergeblieben. Er will nicht in die Zukunft sehen. Bleib nie länger als drei Bier. Mehr brauchst du nicht, um schlafen zu können. Der Rest bringt dich den Gestalten näher, die jetzt kommen. Hörnicke hat noch Arbeit. Er geht.

Es scheint ein schöner Tag zu werden. Die Sonne leckt nach den Kneipengardinen, hinter ihnen sieht man die prächtigen gelben Backsteine der KWO-Verwaltung. Conrad, Andi und Heinrich haben den Absprung verpaßt.

Zwei beschäftigen einen der Automaten, und Conrad pflegt seine sentimentale Stimmung. Sein Blick tastet die frisch getäfelten Kneipenwände ab, mißbilligend taxiert er die beiden Schlipsträger, die sich auf ein Kännchen Kaffee an den Tresen verirrt haben, mitleidig mustert er die Trinker, deren Zahl sich verdoppelt hat. Vier Mann, vier Tische, kein Wort. »Kiek dir den an, der will doch arbeiten«, sagt er und nickt zu einem Mann, dessen Gesichtsfarbe und Garderobe noch halbwegs in Ordnung sind. »Aber er kann nicht. Man läßt ihn nicht. Der kommt hierher, weil er jemanden zum Quatschen braucht. Und dann findet er nicht mal den. Der beneidet uns, daß wir hier stehen und reden, original.«

Zwischen dem sechsten und siebenten Bier kommt Conrad auf den überraschenden Gedanken, findige Unternehmer könnten ein Museum aus seiner Stammkneipe machen. Er hält das für keine gute Idee. Weil Arbeiter, seiner Meinung nach, nicht ins Museum gehen. »Das hier ist die Kultur der Arbeiter. Die Kneipe. Hier reden sie. Statt vierzig Mark für 'ne Konzertkarte auszugeben, würde ich auch immer lieber in die Kneipe gehen. Da wirste wenigstens nicht lebensfremd. Frag doch mal jemanden von denen, ob er in den letzten zehn Jahren im Theater, in der Oper oder im Konzert war. Da hebt sich kein Arm.« Die Verbliebenen sehen so aus, als könnte Conrad recht haben.

Es ist die tote Zeit der »Stumpfen Ecke«. Die Nachtschichtler sind eigentlich schon weg, und die Stammgäste noch nicht da. Zwischen acht und zehn gibt es hier nur einsame Trinker und Zufallstreffer.

Andi und Heinrich sind mit dem Spielautomaten zusammengewachsen. Conrad hält das Schlußplädoyer. »Ich bin froh, daß es in Ost-Berlin noch solche Kneipen gibt. Wenn alle in den Sack hauen, kannste Oberschöneweide gleich dichtmachen. Dann wird das hier zum totalen Frustgebiet. Das wäre echt schade, weil Ost-Berlin sein letztes Stückchen Seele verlieren würde.«

Ein gebückt gehender Mann mit Rock'n'Roller-Frisur vertreibt den Kneipenpoeten. »Hallo«, ruft er in den Kneipenraum, bestellt ein Kännchen Kaffee und breitet die Zeitung aus, die er mitgebracht hat. »Kohlen-Kalle«, erklärt Peter Conrad. »Das ist Kohlen-Kalle. Der hat dreißig

Jahre lang Kohlen geschleppt. Und so läuft er auch. Der ist eins von den kleinen Schicksalen, die hier so rumlaufen.« Die Männer aus dem KWO lösen sich in Luft auf. Ihre Zeit ist abgelaufen. Es ist kurz nach elf. Die Sonne knallt jetzt erbarmungslos in den Zigarettenrauch. Die Gesichter der einsamen Säufer leuchten wie Warnblinkanlagen.

Kohlen-Kalle setzt sich zu Kurt, der krankgeschrieben, aber eigentlich arbeitslos ist. Kalle raucht Roth-Händle, schrubbt sich mit dem Bimsstein immer den Tabak von den Fingern, bevor er zu seiner Ärztin muß, und hat genaugenommen vierunddreißig Jahre lang Kohlen geschleppt. Bis die Währungsunion kam und der private Kohlenhändler, für den er huckte, dichtmachte. Geblieben sind seine Kontakte. Kalle kennt jeden in Oberschöneweide. Und er hat einen Tagesplan gegen die Langeweile.

Morgens holt er sein Fahrrad aus dem Keller, fährt die Zeitung holen, dann kommt er in die »Stumpfe«, trinkt ein Kännchen Kaffee und liest die Zeitung, dann fährt er auf den Markt und hört sich um, dann geht er Mittag essen, dann geht er in den Keller irgendwas basteln oder die Sachen von einer Ecke in die andere räumen, dann kommt er wieder hierher und trinkt Kaffee, dann ...

»Ick hab keine Langeweile«, sagt Kalle und geht.

»Kalle ist weg vom Alkohol«, erzählt Kurt. »Sein Problem ist aber, daß er denkt, er kriegt wieder eine Arbeit, wenn er nur will. Kalle ist doch 'n Krüppel, sein Rücken ist total im Eimer.« Kurt war Heizungsmonteur bei der KWV und ist seit zwei Jahren arbeitslos. Er hat's mit dem Herzen. Gestern, erzählt er, sei er mit so einem Kasten rumgelaufen, der die Werte mißt. Er kommt immer mal auf ein paar Bier, um zu hören, was es Neues gibt.

Bei Willy gibt es offenbar nichts Neues. Montag ist seine ABM-Stelle als Hausmeister abgelaufen. Seitdem ist Willy voll. Er weiß nicht mehr, wie es weitergehen soll. »Jetzt fängt die ganze Scheiße wieder von vorne an«, lallt der Mann.

Willy hat Hochseefischer gelernt. Vor acht Jahren zog er mit seiner Frau von Ueckermünde nach Berlin und arbeitete im KWO als Drahtschneider. Vor drei Jahren starb seine Frau, vor zwei Jahren wurde der Fünfzigjährige arbeitslos, vor einem Jahr sperrte man ihm den Strom, weil er die Rechnungen nicht bezahlen konnte. In dem einen ABM-Jahr konnte Willy wenigstens seine Mietschulden begleichen. Jetzt hat er Angst, wieder welche machen zu müssen und vielleicht auf der Straße zu landen. Kurt versucht ihm das auszureden. Doch Willy ist sich sicher: »Wer einmal auf der Schnauze liegt, kommt nie wieder hoch. Und ich lieg' auf der Schnauze, aber total.« Da kann Kurt nicht widersprechen. Er trinkt einen Schluck.

Einen Monat glaubt Willy noch »leben« zu können. Dann müsse er weitersehen. »Eine Gulaschsuppe, Conny!« »Und 'n Bier, Willy?« »Nee, mach erst mal ohne Bier.« Später muß er sich dann doch revidieren. Einer der Trinker geht. Er bewegt sich in Zeitlupe. Langsam schiebt er den Stuhl weg, vorsichtig erhebt er sich, streift sich behutsam den Mantel über, hebt bedächtig die Plastiktüte, schiebt geruhsam den Stuhl wieder unter den Tisch und schwebt wie auf Federn aus der Kneipe. »Wenn wir erst mal soweit sind«, grunzt Willy und schnippt, statt den Satz zu beenden, seine Zahnspange wieder in den Oberkiefer.

»Ich will wieder arbeiten. Ich muß wieder arbeiten.« Er bestellt sich eine weitere Gulaschsuppe. Inzwischen sind Klaus und seine Frau da. Klaus quetscht einen Zehnmark-Schein in der Hand. Sie setzen ihn um. Beim ersten Schluck zittert die Hand der alten Dame herzzerreißend. Als sie die Gläser abstellen, guckt ihr Klaus, ein kleines, weißhaariges Männchen, liebevoll in die Augen. Die Frau kann den Blick nicht mehr erwidern.

Willy flüstert, daß er die Frau neulich abends auf der Straße gefunden habe. Er habe sie aufgehoben, gefragt, wo sie wohnt, und dann nach Hause gebracht. »Ich war ja selber voll, aber ich habe sie die Treppe hochgekriegt. Ich kann noch so duhn sein, aber auf der Straße lass' ich niemanden liegen.« Kurt erzählt, daß man in Oberschöneweide abends öfter über hilflose Häufchen stolpere.

Er stellt die anderen Mitglieder der Übergangsgesellschaft in der »Stumpfen Ecke« vor. Peter, der immer Schnaps und Bier trinkt, aber trotzdem nie besoffen wird. Er kritzelt ständig irgendwelche Listen voll. Und Müller natürlich sowie dessen rotgesichtigen Freund. Müller, der ständig würfelt zum Bier und nie seinen dunkelbraunen

Mantel auszieht. Ein Trenchcoat von der steifen Sorte, der nie eine Falte wirft. Sie sitzen und warten, daß es halb zwei wird und die Frühschicht aus dem KWO kommt. Für einige ist es das Signal zum Gehen, die anderen kriegen Gesellschaft. Müller würfelt bis zum Abend. Willy ist dann weg und Kurt auch. Kohlen-Kalle wird noch mal auf einen Kaffee vorbeischauen.

Gleich werden die paar KWO-Arbeiter aus der Frühschicht Feierabend haben. Ihre feuchten Haare tragen sie zurückgepeitscht. Noch bevor sie sich setzen, legen sie ihre Zigarettenschachteln auf den Tisch, obenauf das Feuerzeug. Sie stecken ihre Claims mit ›Golden American‹ ab, mit »Cabinet« und der Sparpackung von »West«. Es ist jeden Tag das gleiche Spiel. Von sechs bis zwanzig Uhr. Werktags.

Conny Wietrychowski hat ein offenes, gutes Gesicht. Die Serviererin ist lange genug im Job, um zu wissen, was mit den Männern los ist, die sie bedient. »Was soll ich machen?« fragt sie. »Ich kann ihnen ja schlecht sagen, daß sie zu trinken aufhören sollen. Erst mal steht mir das nicht zu, zweitens ist es schlecht fürs Geschäft, und drittens gibt es genug Beratungsstellen.« Viertens fällt ihr erst einen Augenblick später ein. »Die meisten, die hierher kommen, mag ich. Die haben alle Probleme. Denen fehlt die Arbeit. Sie kommen sich nutzlos vor. Aber sie sind friedlich. Am anderen Ende der Straße gibt es den ›Treffpunkt‹, da trifft sich das ganze rechte Gesocks. Da sind wir mit unseren Stammgästen schon gut dran.«

Hinter ihr in der Glasvitrine klemmt ein vergilbtes Foto. Das hat irgendwann mal ein alter Mann vorbeigebracht. Conny glaubt, daß er inzwischen tot ist. Die Aufnahme zeigt die Kneipe in den zwanziger Jahren. Damals gab es noch einen kleinen Vorgarten, und über der Tür stand »Gross Destillation zur stumpfen Ecke«. Aber die Arbeiter, die man auf dem Bild sieht, ähneln irgendwie den heutigen Gästen.

Willys Zeit ist abgelaufen. Doch er hat noch eine Idee. »Der alte Baum ist weg«, schreit er. »Der alte Baum ist weg.« »Was ist los?« fragt Kurt. Doch Willy winkt nur mit der Hand und geht. Sie verstehen ihn ja doch nicht.

Dezember 1992

Frau Breuel war wieder nicht da

Erika Rusch ist es egal, ob sie für DDR-Minister kocht oder für Treuhand-Manager

Komischerweise fragen Journalisten prominente Menschen gern danach, was sie am liebsten essen. Komischerweise kommen die Prominenten dann oft mit ganz schlichten Sachen. Berühmte essen einfach. Von Rollmöpsen ist die Rede, von Schmalzschrippen mit Harzer Käse, Kohlrouladen, Currywürsten und Kartoffelpuffern. Es ist zu befürchten, sie wollen uns einreden, sie seien wie wir. Birgit Breuel von der Treuhand mag Pellkartoffeln. Sagt sie.

Es kommt vor, daß Erika Rusch das Ende der Berliner Abendschau nicht erlebt. Sie fällt vorher um. Die Arme sind schwer, die Füße dick, der Rücken schmerzt, und an den Lidern hängen kleine Bleiklötze. Erika Rusch spürt den Tag. Sie spürt die kiloschweren Gemüsekisten, die sie zu den Pfannen schleppt, die tausend Kartoffelberge, die sie auf die Teller schaufelt, die Plastikwanne mit den Klopsen, die sie in den Kühlschrank zerrt, die zähe Pilzragoutmasse, die sie mit einem meterlangen Kochlöffel ausdauernd durchrührt. All die Dinge eben, die sie in der Treuhandküche täglich erledigt. Da sie sich kennt, gibt sie besser auf. Das Ende der Nacht kommt für die Köchin um vier Uhr. Seit fast zwanzig Jahren.

Im September 1963 hat sich Erika Rusch vorläufig von ihren Träumen verabschiedet. Immer wollte die junge Erika irgendwas mit Zeichnen machen. Am besten in der Werbung. Nur hatte ihr Vater eine Gaststätte. Und leider brauchte er eine Köchin. Erika Rusch fügte sich. Noch war ihr Widerstand aber nicht restlos gebrochen. Sie verabschiedete sich bald von dem kleinen thüringischen Dorf in die Welt. Die bestand zunächst aus Jena, wo Erika Rusch im »Schwarzen Bär«, dem »ersten Haus«, kochte. Danach eroberte sie Bad Elster, schließlich das Restaurant »Vier

Jahreszeiten» in Wolgast, arbeitete dann im »führenden« Hotel »Chemnitzer Hof« in Karl-Marx-Stadt, wenig später zog es sie ins »Ostseehotel« nach Ahlbeck, es war nur noch eine Frage der Zeit, wann sie die Hauptstadt erreichen würde. Schließlich stand Erika Rusch am Grill des »Operncafés«. »Ich habe da vor dem Gast gekocht. Das hat einen Riesenspaß gemacht«, erinnert sie sich an dieses Zwischenspiel.

Immer noch war ihr Fernweh nicht gestillt. Für ein Jahr lang verschlug es sie nach Sofia, ins »Haus Berlin«. »Eine wunderbare Zeit. Ich habe bulgarisch gelernt, bin mit den Berliner Musikern rumgezogen, und die Bulgaren waren so charmant. Sie lieben blonde Frauen, und damals war ich noch blond«, schwärmt die Köchin und wiegt ihr lila Haupt. »Aber wenn sie mir zu nah kamen, kriegten sie eins mit der Kelle«, sagt sie schnell.

Erika Rusch griff nach den Sternen. Sie wollte zur Handelsmarine, um die Welt zu sehen. »Aber leider hatte ich einen Onkel im Westen, von dem ich gar nichts wußte. Sie haben mich abgelehnt.« Sie kehrte nach Berlin zurück, heiratete und bekam ihre Tochter. Drei Jahre später fand sie einen Zettel im Briefkasten. Das Haus der Ministerien suchte eine Köchin. »Ich bin hingefahren, und die haben mich sofort eingestellt.« Das war vor zwanzig Jahren. Damals standen allmittäglich wichtige Menschen aus den unzähligen DDR-Ministerien vor Frau Ruschs Essenklappe. Inzwischen zog die Treuhand in das alte, großmäulige, häßliche Haus in der Leipziger Straße. Und Erika Rusch sagt: »Einem Koch ist es doch letztlich egal, für wen er kocht.«

Zehn vor fünf schließt die Köchin ihre Wohnungstür. Sie nimmt um fünf die Bahn, muß 5.17 Uhr den 142er Bus kriegen, um kurz nach halb sechs in der Treuhand zu sein. Meistens ist sie die erste in der Küche. Sie zieht sich um und steht punkt sechs am Herd. Sie heizt die drei Kochstellen und bereitet die Zutaten vor, »Produkte«, wie sie sie hier nennen. Tiefgefrorenes Mischgemüse wird in schweren Kartons herangeschleppt, die Pilze warten in dicken Plastiksäcken, die Kartoffeln sind geschält, das Fleisch schon am Vortag gewürzt und eingelegt, Margarine und Butter liegen in großen Schüsseln, Hilfsköche und Transportarbeiter schwappen Himbeermark und Tomatenketchup in Edelstahlbottichen vorbei. Erika Rusch tut fünf Zentimeter dicke und zwanzig Zentimeter breite Margarinescheiben in die Pfannen. Um halb acht frühstücken die Köche, die Kaltmamsells, die Hilfsköche und die Kassiererinnen. Zu diesem Zeitpunkt kommen die ersten Treuhandmitarbeiter ins Haus. Sie haben gleitende Arbeitszeit.

Es gibt belegte Brötchen und starken Kaffee. Köche müssen in den Pausen vorrauchen. Die Frauen in den weißen Uniformen diskutieren übers Fernweh. Elvira Richter war Friseuse, bevor sie wegen ihres kranken Sohnes »übergangsweise« im Haus der Ministerien anfing. Dreizehn Jahre ist das jetzt her. »Ich bin klebengeblieben«, gesteht sie. »Das ist alles nur 'ne Frage des Alters«, glaubt Erika Rusch. »Ach, wenn ich noch mal jung wäre ...« »Dit stimmt«, pflichtet Birgit Freier bei. Sie ist sechsundzwanzig Jahre alt, hat schon in der Betriebskantine vom Glühlampenwerk NARVA, in der »Bärenschenke« und im Westberliner »Papillon« gekocht, bevor sie in diesem Jahr hierherkam. »Ich will alles mal kennenlernen.« Sie behauptet, jederzeit aufhören zu können.

Hans Peter Buchhorns Augen glauben ihr nicht. Der Mann kochte lange Jahre im Palast der Republik die verschiedensten Gerichte. Jetzt macht er täglich drei Werkessen. Er hat keine Illusionen. »Also wenn ich noch mal jung wäre, dann wär' ich jetzt auf Sylt und würde nicht hier rumhängen«, beschließt Erika Rusch energisch. Die jungen Mädchen starren in ihre Kaffeetassen. Es ist acht Uhr. In den Zimmern des Hauses werden die Aktenordner aufgeklappt.

»Dit hat man im Gefühl«, sagt Frau Rusch und wirft eine achte Handvoll Salz in den Eintopf. Man lernt hier, großzügig mit den Zutaten umzugehen. Sie schickt einen Sackvoll braunen Pulvers hinterher. »Ein Geheimrezept!« Die Ostköche, meint sie, gelten als besonders einfallsreich. »Wir kannten doch bloß Salz, Pfeffer und Paprika. Da mußte man eben ein bißchen improvisieren. Aus wenigen Rohstoffen so gute Gerichte zu zaubern, das macht uns kein Westkoch nach«, schätzt Erika Rusch. Daß im Westen auch nur »mit Wasser und Salz« gekocht werde, sei überhaupt ihre wesentlichste Wendeerfahrung. Aber heute steht Elchkeule auf dem Speiseplan. Da muß sie wohl doch dazulernen? »So kann man das auch wieder nicht sehen. Elch hatten wir nicht, das stimmt schon. Aber Reh und Hirsch gab's schon mal. Den Unterschied müssen Sie mir erst mal beweisen.« Kurz vor zehn Uhr beginnen die Köche mit dem Umzug. Einen halben Kilometer weit müssen Eintöpfe, Puddingsuppen und Elchkeulen durch die Treuhandgänge gehievt werden. So weit ist die Küche vom Speisesaal entfernt. Oben werden dann noch mal die elektrischen Öfen angeworfen, um das Vorgekochte warmzuhalten. Die Salatbüfetts werden arrangiert, Teller gestapelt, die Sauberkeit der Tischtücher kontrolliert. In den Treuhandmitarbeiterbäuchen meldet sich der erste kleine Hunger. Er wird niedergekämpft.

In die Edelstahlbüfetts des Speisesaales fließen Soßen und Eintöpfe, dampfende Kartoffelberge werden aufgeschichtet und mit Petersilie beschaufelt. Die Kaffee- und Saftautomaten arbeiten auf Hochtouren, die Schokoriegel leuchten ausdauernd neben der Kasse. Frau Rusch, Birgit Freier und Anja Krolewicz ziehen sich um. Als sie wieder in der Küche erscheinen, ist es elf Uhr. Die drei von der Ausgabe tragen frische weiße Jacken, Häubchen im Haar und ziehen eine leichte Parfümschleppe hinter sich her. Sie haben jetzt noch zwanzig Minuten Pause. Sie essen nicht, sie rauchen. Es ist die Ruhe vor dem Sturm. Gleich beginnt die Begegnung der Treuhand mit ihren Küchenfrauen. Der stressigste Abschnitt des Tages von Erika Rusch. Und ihr schönster.

»Ob ich bereue, Köchin und nicht Designerin geworden zu sein?« fragt sich die Neunundvierzigjährige. »Nein. Eigentlich nicht. Das ist gegessen. Vorbei.« Die Zeiten seien eben nicht danach gewesen. 1949 habe sie die Schule verlassen. Eine Dorfschule. Und nicht gerade mit den besten Zensuren. Da habe sie eben erst mal einen Beruf lernen müssen, für den sie auch eine Lehrstelle bekam. Ja und dann habe sie andere Flausen im Kopf gehabt, als das Abitur nachzumachen, und später wieder andere, dann sei ihr Kind geboren worden, und irgendwann habe sie begriffen, daß es zu spät ist. »Was sollte ich machen. Heulen? Nein, nein. Auch der Beruf hier hat seine schönen Seiten.

Was denken Sie, welchen Spaß es macht, die Leute einzuschätzen, die hier an meiner Klappe vorbeikommen. Zu überlegen, was arbeitet der, was macht die, und welches Parfüm benutzt sie, kommt der aus dem Osten oder aus dem Westen, warum ist der heute so mufflig oder jener so aufgekratzt? Warum hat die sich so aufgedonnert? Ich wechsle mit den Leuten ja kaum ein Wort, aber ich mache mir ein Bild von ihnen. Das hält meine Phantasie wach.«

Früher war der Speisesaal der Festsaal des Hauses. Er kann das schlecht verheimlichen. Gutwillige Innenarchitekten haben versucht, ihm etwas von der Schrecklichkeit zu nehmen, indem sie grüne Palmwedel vor die hohen schmalen Fenster pflanzten und eigenartige käfigförmige Lampengestelle an die zwanzig Meter hohe Decke schraubten. Es hat nichts geholfen. Man kommt sich vor, als speise man auf Gleis drei des Leipziger Zentralbahnhofes. Auf den wachstüchernen Tischdecken stehen kleine Plastikkärtchen, auf denen zu lesen ist: »Lieber Tischgast, wir wünschen Ihnen einen angenehmen Aufenthalt in Ihrem Betriebsrestaurant. Ihr Comfor-Table-Küchenteam.« Die drei Repräsentantinnen des »Comfor-Table-Küchenteams« sind bereit. Sie haben ihre Töpfe vor einem gewaltigen giftgrünen Vorhang aufgebaut, der früher einmal die Bühne des Festsaales verdeckte. In ihren Rücken stapeln sich Tellerberge. Ihre Mützchen leuchten blütenweiß. Es ist halb zwölf. Der erste Gast erscheint.

Es ist ein halbhoher Mann mit braunem Jackett, Schnurrbart und Stirnglatze, der sich für die Puddingsuppe mit Waldbeeren entscheidet. »Der ist immer unter den ersten zehn«, flüstert mir Erika Rusch zu. Die nächsten zwanzig Minuten vergehen vergleichsweise ruhig. Es kommen eine Gruppe ältere Herren in Lederjacken, die Erika Rusch hier noch nie gesehen hat, ein großer schlanker Mann, der schon jahrelang dabei ist und sich offenbar schwer von alten Jacketts trennen kann. Minestrone und Schrippe. »Eintöpfe«, erklärt die Köchin, »gehen immer sehr gut. Wir könnten mehr davon kochen, wenn wir könnten. Viele unserer Gäste können sich ein Essen für fünf oder sechs Mark einfach nicht leisten. Die nehmen dann immer Eintopf.« Die Preise der drei Wahlgerichte werden nicht gestützt. Minestrone mit Grießklößchen kostet 3,80, die Puddingsuppe 3,90, und die Elchkeule wird für 6,20 abgegeben. »Das ist schon ziemlich traurig, wenn man sieht, wie manche sich gedankenlos das Tablett volladen und andere Eintopf essen, obwohl sie viel mehr Appetit auf was Handfestes gehabt hätten. Aber was soll man machen. Ich könnte mir auch nicht leisten, jeden Tag sieben Mark fürs Mittagessen auszugeben.«

Ab halb eins beginnt der Sturm. Achthundert bis tausend Essen geben die drei Frauen jeden Tag aus, die meisten davon zwischen halb eins und halb zwei. Soßen und Suppen fließen in Strömen, Teller scheppern, immer gleich hohe Kartoffel- und Rotkohlhäufchen wachsen auf den Tellern, von hinten werden neue Gefäße mit Elchkeulen herangeschafft. Die Keule läuft, trotz des Preises, ganz hervorragend. Jetzt saugt der Festsaal Mitarbeiter aller Farben auf, nach zwanzig Minuten spuckt er sie mit leeren Tellern hinten wieder aus.

»Mine..., Mine..., Mi..., was ist denn das?« fragt ein kleines graues Männchen seine anderthalb Köpfe größere Begleiterin. »Ach Minestrone. Das ist so eine Art Eintopf aus Italien. Kenne ich aber auch erst seit kurzem«, antwortet sie bescheiden. »Schon an ihrer Wahl kann man die Ostler von den Westlern unterscheiden. Die Wessis essen irgendwie bewußter. Die nehmen auch schon mal buntes Gemüse im Vollkornmantel, das manche Ossis verständnislos anstarren. Die wollen das essen, was sie kennen. Unser vegetarisches Gericht kochen wir eigentlich nur für den westlichen Gast«, meint Frau Rusch. »Einmal Elch, aber ohne Soße«, fordert die kühle blonde Schüttelfrisur mit Rollkragen unterm karierten Jackett. »Na gut, wie Sie wollen«, sagt Erika Rusch und schiebt ihr den trockenen Teller über den Tresen. Die Blonde zieht angewidert die Braue in die Höhe. Irgendwas muß man ja schließlich essen. »Die Wessis tragen ihre Wünsche entschiedener vor«, erklärt Frau Richter von der Kasse. »Ohne Soße essen ist Quatsch«, meint Erika Rusch. »Die Soße ist doch das Beste, und wenn man abnehmen will, muß man das richtig machen.« Ansonsten glaubt sie nicht, daß man Ost und West so deutlich markieren kann. »Bei den meisten gibt's da überhaupt keine Unterschiede mehr.«

»Von wegen keine Unterschiede«, flüstert Birgit Freier

»die da an der Kasse ist doch 'ne typische Ostmutter, typischer geht's nicht.« Sie weist mit dem Handrücken auf eine füllige grauhaarige Frau, die sich in einem blauen Kostüm langsam an die Kasse schiebt. Erika Rusch verzieht das Gesicht. »Ich mag das nicht. Ostmutter und sowas.« Fünf Minuten später zeigt sie auf die in ein rosa Samtröckchen gepreßte junge Frau. »So würde sich eine Westfrau natürlich nie aufdonnern.« Schusselig wirkende ältere Herren schieben sich unsicher an die Klappe, vornehm gekleidete Graumelierte schielen vorwurfsvoll übers Plexiglas in die Töpfe. Die Küche gilt bei vielen Treuhandmitarbeitern als teuer und schlecht. Schließlich schwirren die jungen Jeansträger mit Wolljacketts über Leinenhemden, an denen bunte Krawatten baumeln, herein. Sie haben wache Augen, strubblige kurzgeschnittene Haare und machen beiläufige Scherze von der Art: »Haben Sie den Elch selbst geschossen?« Außerhalb der Treuhand findet man sie in den Vorzimmern von progressiv geltenden Politikern.

Bis zwei kleckert es wieder. Schließlich, zehn Minuten nach Küchenschluß, träumt noch ein junger Brillenträger herein und greift den letzten Elch ab. Er sitzt ganz allein im Festsaal und ißt. Die Küchenfrauen hieven die leeren Töpfe in fahrbare Regale, leeren das Salatbüfett, wischen die Tische, räumen Tabletts und Teller ab. Nun ist es die Abwaschmaschine, die auf Hochtouren arbeitet. Hans-Peter Buchhorn pinselt Fleischstücke ein. Übermorgen gibt es Thüringer Senfbrätl für 5,60. Die Klopse von morgen dämmern in einer rosa Badewanne im Kühlraum. Es ist halb drei.

Erika Rusch hat einen Teil ihrer Träume abgegeben. »Ich habe meine Tochter immer so erzogen, daß sie einmal meinen Traumberuf macht. Wenn andere ihren Töchtern Puppen schenkten, bekam meine Buntstifte.« Inzwischen studiert ihre Tochter Design in Darmstadt. Ihre Mutter ist müder Stolz mit einem weißen Häubchen. Die Frauen sitzen in der kleinen Buchte zwischen Küche und Saal. Erika Rusch raucht HB. Offen für Träume.

Frau Breuel war wieder nicht da. Sie hat hier noch nie gegessen, sagen die Frauen. Der gesamte Treuhandvorstand wird von einem Etagenservice beliefert. Einmal nur, als die Küchenfrauen ein kaltes Büfett anrichteten, soll die Treuhandchefin dagewesen sein. Leider hat Erika Rusch sie verpaßt. Sie war zu sehr mit dem Kaßlerschneiden beschäftigt. Ihr sei es egal, ob die Frau Breuel nun hier esse oder woanders, erzählt sie. Schließlich hätten die Minister, die hier früher arbeiteten, ja auch nicht im Essensaal, sondern im nahen Casino gespeist. »Das ist nun mal so. Wer nicht kommt, braucht auch nicht zu gehen. Deswegen fühl' ich mich doch nicht in meiner Ehre verletzt.« Die anderen finden das nicht ganz so normal. Und Küchenchef Sokolowski, der früher im Palast der Republik kochte, erinnert daran, daß sich der Palastdirektor immer mit in die Kantinenschlange einreihte. »Ach wissen Sie«, sagt Erika Rusch müde, »die Leute verlieren doch immer mehr die Kontrolle über sich, je höher sie rükken. So sind die Menschen eben.« Dann geht sie mit den anderen duschen. Sie gönnt sich einen Spritzer ihres Lieblingsparfüms »Dune« und wird gegen vier zu Hause sein. Dort wartet jede Menge Arbeit auf sie. Bis zur Abendschau.

Erika Rusch ißt im übrigen am liebsten Ente. Beim Chinesen.

November 1992

»Die können wir unseren Fahrgästen nicht zumuten«

Günther Krause* wurde vom Major der Staatssicherheit zum Straßenbahnfahrer im Schichtdienst degradiert – aber auch im Fahrerhaus findet er keine Ruhe

In der Herzbergstraße krähen keine Hähne. Die Leute sehen aus wie die Gegend. Grau und trübe. Sie starren aus den großen Fenstern ins Dunkel, in dem die Ruinen sind. Die Glieder sind schwer und müde, die Plastiksitze sind hart. Die Menschen in der Bahn haben keine Lust zum Denken. Sie reden nicht. Der Fahrer interessiert sie einen Dreck, solange er ruhig fährt. Sie kennen ihn nicht, und morgen früh wird es ein anderer sein. Mit tiefer und ruhiger Stimme fließen die Stationsnamen aus den Lautsprechern. Die Vokale klingen etwas gedehnt, sächsisch. Rumpelnd legt sich die Siebzehn in die Kurve zur Rhinstraße. Es ist kurz vor fünf.

8.19 Uhr ist Günter Krause wieder auf dem Hof in der Siegfriedstraße. Er ist vier Stunden gefahren. Geredet hat er in der Zeit nicht mal mit sich selbst. Nur die Namen der Haltestellen zwischen SEZ (Sport- und Erholungszentrum) und Johannisthal sind ihm über die Lippen gekommen. Der Platz in der Kanzel ist einsam und langweilig. Das würde Günter Krause nie so sagen. Schon gar nicht zu einem Fremden. Er nennt den Job »vielseitig« und »interessant«. Er braucht ihn. Günther Krause ist vierzig Jahre alt, verheiratet und Vater zweier Kinder. Er hat nichts anderes gelernt als Straßenbahnfahren. Jedenfalls nichts, womit er heute noch etwas anfangen könnte. Günter Krause ist Stasi-Major a. D.

Als die Leute 1989 »Stasi in die Produktion!« riefen, hatte sich Krause schon gedacht, daß er mit seinem Hochschuldiplom als Kriminalist nicht mehr die große Karriere machen kann. Er vergaß die fünf Jahre Humboldt-Universität und bewarb sich bei den Berliner Verkehrsbetrieben (BVB). Das war im Januar 90, und die Idee hatte nicht

* *Name geändert*

nur er. »Vielleicht sind deshalb so viele gerade zum Betriebshof Siegfriedstraße gegangen, weil's ja um die Ecke war«, überlegt Krause und macht eine Handbewegung in Richtung Normannenstraße. »Für mich ist das praktisch der gleiche Arbeitsweg wie früher.« Etwa fünfzig ehemalige Stasi-Mitarbeiter meldeten sich im Frühjahr 1990 auf dem Hof und wurden zu Straßenbahnfahrern ausgebildet.

So richtig weiß Krause nicht mehr, ob er nun dem Ruf der Revolutionäre gefolgt ist oder eher seiner Vernunft. Es ist auch egal. Jetzt, da er aus seinem Büro in der Hauptabteilung IX des MfS (Untersuchung und Auswertung) gefallen und längst im Fahrersessel einer Straßenbahn gelandet ist. Jetzt, da er sich weniger mit rechnergestützter Auswertung von Stasi-Daten als vielmehr mit Streckenführung, Fahrplänen und Signalen beschäftigt. Wenn Krause mit den Kollegen im Pausenraum diskutiert, dann über die Autofahrer, die immer dreister werden. Sie meckern gemeinsam über zu kurze Ampelpausen für Straßenbahnen und rollen angewidert mit den Augen, wenn sie auf die Verkehrspolitik des Senats zu sprechen kommen. Die Straßenbahn, das ist ihre einhellige Meinung, ist für die Stadt doch nur ein notwendiges Übel. Krause trägt jetzt nicht einfach nur eine mausgraue Uniform. Er hat auch die Probleme eines Straßenbahnfahrers. Genau wie es die Revolutionäre gewollt haben.

Nur manchmal rutscht dem Mann noch »Dienststelle« raus, wo es doch Betriebshof heißt. Über die fünfzehn Stasi-Jahre redet Krause zögerlich, spärlich und ohne jeden Stolz. Er habe sich nichts vorzuwerfen. Einmal, 1982, habe er sogar einen Versetzungsantrag gestellt. Was soll jemand, der ein halbes Leben bei der Stasi war, auch an Rechtfertigungen vorbringen.

Eine unausgesprochene Rechtfertigung hat Krause. Er ist nicht ins Licht gegangen. Er ist nicht Sportlehrer geworden, obwohl er jahrelang im »Freizeitbereich«, wie er es nennt, junge Volleyballer trainiert hat. Er wurde auch nicht Kommunalpolitiker, schreibt kein Buch und hat sich keinem Nachrichtenmagazin als Denunziant angedient. Vielleicht hat er nichts zu sagen, kann ja sein. In jedem Fall hat er die Anonymität gesucht. Er will seine Ruhe haben. Krause findet keine Ruhe.

Überall in Berlin
Überall in Berlin
Überall in Berlin
Überall in Berlin
modisch und pre

Vorige Woche haben sie wieder einen rausgeschmissen. Antiterror-Einheit munkelt man oder Major oder beides. Genau weiß das keiner in der Siegfriedstraße, weil in den Kündigungsschreiben nichts Richtiges drinsteht. Der Vorletzte ging im Dezember vom Hof. Von dem weiß niemand mehr etwas. Wahrscheinlich hatte er Dreck am Stecken. Dann sprang so eine Handvoll Ehemaliger im Laufe des letzten Jahres über die Klinge. Und jetzt werden von den BVG-Personalkommissionen gerade die zweiten, detaillierteren Fragebögen durchgeschaut. Drei Kommissionen wurden dazu mit Hauptsachbearbeitern bestückt. Die erste sichtet die Personalbögen, die zweite wertet aus, und die dritte entscheidet, wem gekündigt wird. Das gibt noch mal richtig Späne. »Auf der Grundlage von hundertvierzehn Bögen sind bislang fünfzig Maßnahmen ausgesprochen worden«, umschreibt BVG-Personaldirektor Harro Sachße. Fünfzig von hundertvierzehn. Kein schlechter Schnitt. Und fünfhundert Bögen liegen noch auf den Schreibtischen der Arbeitsgruppe. Bis Mitte des Jahres hofft man, da durch zu sein.

»Irgendwie«, überlegt Ingolf Prey und versucht die Hummeln unter seinem Hintern zu verscheuchen, »irgendwie ist Straßenbahnfahren ja die höchste Form der Produktion.« Prey sitzt zwischen Baum und Borke. Er ist Chef des Betriebshofes Siegfriedstraße und war es schon, als die fünfzig Stasi-Leute eingestellt wurden. Sie haben die Arbeitskräfte dringend gebraucht seinerzeit, und sie brauchen sie noch heute. Die Leute machen ihre Sache ordentlich, es gibt nicht den geringsten Grund zur Klage. Andererseits drängt der Innensenat gemeinsam mit dem BVG-Vorstand auf die Säuberungsaktion. Das alles poltert in Preys Kopf zusammen. So redet er dann auch. »Es wäre schon ein Verlust, wenn die gehen müßten.« »Andererseits, natürlich stehen sie in der Öffentlichkeit als Fahrer.« »Ich weiß auch nicht, wo sie noch hin sollen, wenn sie hier rausgeschmissen werden.« »Das ist natürlich der Öffentliche Dienst, nicht wahr? Wenn man eine politische Entscheidung will, und die will man wohl, sind wir, bin ich natürlich gewillt, sie mitzutragen.« Prey hat selber irgendwann als Straßenbahnfahrer angefangen, er müßte am besten wissen, daß es Unsinn ist, diesen Knochenjob als »höchste Form der Produktion« zu bezeichnen. Er hat aufgegeben. Er würde den Entlassenen nicht sagen, daß es ihm leid tut, meint Prey. Weil es ihnen nicht helfen würde.

Das sieht der Personalratsvorsitzende Stefan Christian schon etwas kämpferischer. »Niemand sagt doch, warum die Leute unzumutbar sind. Sind sie es, weil sie Spitzel waren? Oder weil sie Mitarbeiter des MfS waren? Ist es jeder Kraftfahrer, jede Sekretärin oder nur Leute, die IM angeworben oder geführt haben? Es gibt da keine Richtlinie.« Christian hat den Verdacht, »daß der Senat an einer Hexenjagd interessiert ist«. Der »poplige Arbeiter« müsse jetzt über die Klinge springen. »Das Bundesinnenministerium übernimmt komplette Abteilungen der Antiterroreinheit, aber als Straßenbahnfahrer sind sie nicht zumutbar. Das ist doch lächerlich.« Der Personalratschef spricht vom Gleichbehandlungsgrundsatz, der nicht eingehalten werde, weil West-Berliner Busfahrer ja auch keine so intimen Fragebögen auszufüllen hätten, er redet vom Zustimmungsverfahren durch die Personalräte, über das sich auch die BVG-Direktion nicht einfach hinwegsetzen könne, er protestiert, klagt an und läßt sich durch eine einfache Nachfrage ausblasen. Haben Sie denn bislang etwas erreicht? Haben Sie die Entlassung eines ehemaligen Stasi-Mannes verhindern können? Stefan Christian hebt die Schultern und läßt sie wieder fallen. Das nun nicht.

In dem kleinen verqualmten und etwas kühlen Häuschen, wo die Fahrer auf ihren Einsatz warten, weiß keiner, daß da in der vorigen Woche einer entlassen wurde. Manfred Winkler zuckt mit den Schultern, Günter Pfeifer guckt ahnungslos, Petra Heynicke steckt sich eine »Cabinet« an. »Wissen Sie, bei dem Schichtdienst kriegt man das nicht so mit«, sagt Pfeifer, der seit sechs Jahren auf'm Bock ist. »Da kommt es vor, daß man Kollegen manchmal ein halbes Jahr lang nicht sieht.« »Aber Scheiße ist es«, erklärt Petra Heynicke und meint die Sache mit den Stasi-Leuten. »Die machen ihr Ding hier besser als mancher von uns. Die sind freundlich, hilfsbereit und fleißig. Klar haben wir zum Anfang 'n bißchen komisch geguckt, als die hier gleich im Rudel einfielen. Mancher hatte vielleicht auch Wut auf sie, weil er mal nicht in den Westen durfte.

Aber was soll's. Irgendwo müssen die doch auch arbeiten. Die sind doch alle älter und haben Familie.« Die kleine sechsunddreißigjährige Frau scheint ein bißchen erschrocken zu sein über ihre glühende Verteidigungsrede, verlegen quetscht sie ihre Kippe auf der Untertasse aus. Doch die Kollegen nicken zustimmend. »Ist so!« assistiert Uwe Krüger. Pfeifer sagt ruhig: »Ich kann mir nicht vorstellen, daß jemand, der 'ne Größe war, sich erniedrigt, die Arbeit hier zu machen.« Was für ein Satz.

Harro Sachße würde ihn nicht verstehen. Wie er vieles nicht versteht, von dem er spricht. Der BVG-Personaldirektor sitzt in einem geräumigen Büro in der Potsdamer Straße. Da gibt es keine Straßenbahnen. Sachße hat klare Vorstellungen, was es von wem zu reinigen gilt. »Alles ab Oberleutnant aufwärts wird ohne Einzelfallprüfung erledigt. Egal, ob derjenige bei den Grenztruppen, dem Wachregiment oder der Stasi war«, erklärt der Direktor. Sachße, der sich einig weiß mit dem Innensenat, blinzelt ein wenig hinter den dicken Brillengläsern und sagt dann entschieden: »Ich mag so etwas nicht vergessen.« Betroffenheit weht durch den Raum. Ein Opfer-Anwalt von der BVG.

»Kann ja sein, daß die Stasi in die Produktion geht. Aber Produktion ist für mich Schraubenherstellen und nicht Straßenbahnfahren«, argumentiert Sachße. »Straßenbahnfahren ist nämlich ein kommunikativer Beruf«, erklärt der Personalchef. Die Fahrer würden sich totlachen. Es gibt kaum einsamere Plätze als die Fahrerkabine einer Straßenbahn, sagen sie. Man sei allein unter Menschen.

Die größte Sorge bereitet dem Direktor augenblicklich, daß es sich noch etwas hinzieht, »die Böcke von den Schafen zu trennen«. Denn seine Hauptsachbearbeiter aus der Arbeitsgruppe 2 schaffen nur fünfundzwanzig »Vorgänge« pro Woche. Weniger Sorgen macht ihm, wie die BVG das Loch stopft, das die abgeschlossenen Vorgänge hinterlassen. »Das wird zwar Schwierigkeiten geben«, gesteht er ein, »aber deshalb können wir die Leute doch unseren Fahrgästen nicht zumuten.«

Oberleutnant aufwärts hieße auch Major. Günter Krause weiß nichts von dieser Faustregel aus der Personaldirektion. Er hofft. Krause ist vorsichtig geworden, er will nicht unangenehm auffallen. Er sagt kaum seine Meinung, er hält sich aus politischen Diskussionen raus, er nimmt in Kauf, so wenig zu verdienen wie ein Lehrling, er hält sich von anderen »Ehemaligen« fern, weil er die Gerüchte von den alten Stasi-Seilschaften nicht nähren will. Es wird ihm nicht viel nutzen.

Sachße und seine Sachbearbeiter gehen nach Alphabet vor. Irgendwann sind sie zwangsläufig bei K. Auf dem Hof wird man Krause dann ausrichten, daß er schnell mal nach Hause kommen soll. Wenig später wird dort ein Bote der BVG eintreffen und Krause das Straßenbahnfahren verbieten. So wird es sein. Wenn nicht irgendein vernünftiger Mensch bis dahin verbietet, Leute wie Krause ins Ghetto zu sperren.

März 1992

Ein Mann für einen Bankraub

Andreas Hesse ist auch mit der schönsten Karnevalsprinzenkappe immer nur Andreas Hesse

Ein blütenweißes Hemd unterm Doppelkinn, eine dunkelblaue Krawatte, die bei der kleinsten Bewegung fürwitzig auf dem mächtigen Bauch tanzt, obwohl sie doch in einer knapp sitzenden schwarzen Weste steckt, deren Knopfleiste von einem guten Schneider gefertigt sein sollte. Das gräuliche Jackett ist steif, zwickt garantiert in den Achseln, und wenn man es nicht besser wüßte, könnte man schwören, daß es aus dem guten alten Präsent-20-Tuch besteht. Es endet früh über ein paar stämmig-kurzen schwarzen Hosenbeinen. Das Mischhaar ist ulkig zurücktoupiert und gibt zwei fortgeschrittene Geheimratsecken preis, zwischen denen sich ein gut gefröntes, streichholzgroßes Reststück behauptet. Mitten im runden, blassen Gesicht klebt ein aschfarbener Schnurrbart.

Ein Mann für einen Bankraub. Niemand würde sich merken, wie er aussieht. Unauffällig irgendwie, würden die Zeugen aussagen. Schalterbeamter vielleicht?, würden sie spekulieren. Post? Bahn? Versicherung? Oder warten Sie: Staubsauger!

Da kommt also dieser unscheinbare Mann herein, versucht seine freche Krawatte zu zügeln und sagt: »Guten Tag. Ich bin Andreas der Erste. Der Prinz von Berlin.«

Karneval scheint eine ziemlich komplizierte Angelegenheit zu sein. Erst recht in Regionen, die weder Erfahrung noch Lust haben, ihn so standesgemäß zu feiern, wie es sich gehört. Regionen wie Berlin. Wir brauchen eine gute halbe Stunde, um die Termini zu klären. Es gibt Prinz und Prinzessin, ein Paar für eine Session, die am 11.11. beginnt und am 11.11. endet.

Es gibt die Prinzengarde, das Prinzliche Haus und den Prinzenstammtisch, es gibt Adjutanten, Senatoren, Landesverbände mit Präsidenten, Vizepräsidenten, Schatz-

1989/90
DDR

meistern, Schrift- und Geschäftsführern, es gibt Dachorganisationen, Prunksitzungen und Karnevalsordenfirmen, es gibt den »Bund deutscher Karneval«, es gibt Pressesprecher, es gibt Ausgeh-, aber auch Gala-Uniformen, Schärpen, Zepter und gewisse Regeln. »Schreiben Sie mal Mütze, in Klammern Kappe«, erbittet der Prinz Korrektheit im Detail. »Weil, die einen sagen Kappe, die andern sagen Mütze. Und wenn Sie nun nur Kappe schreiben, regen sich wieder die auf, die Mütze zu der Kappe sagen tun. Und umgekehrt. Wenn Sie verstehen, was ich meine.«

Glücklicherweise haben wir Zeit für den karnevalistischen Crash-Kurs. Der Dezember ist für die Karnevalisten ein Monat ohne Höhepunkte. »Es ist ja irgendwie der Weihnachtsmonat«, sagt der Prinz ein wenig bedauernd. »Im November hatten wir achtzig Veranstaltungen, im Dezember keine einzige. So richtig los geht's dann wieder im Januar.« Nun aber ist er ein Prinz, der die Zeit hat, Laien seinen schwierigen Job zu erklären. Und weil Andreas I. nicht gerade der Star-Rhetoriker des Prinzlichen Hauses ist, hat er noch seinen Pressesprecher mitgebracht. Ein Mann der druckreifen Formulierung, der Thomas Titze heißt. Ein Mann, dessen »Fernziel« es ist, »den Berliner Karneval noch gesellschaftsfähiger zu machen, als er schon ist«.

Darum sitzen wir hier. An einem blankgescheuerten langen Holztisch in der Karnevalsecke des »Wirtshaus zum Löwen« zwischen Vitrinen mit Orden und Fotos. Auf dem Tisch liegt die verzierte Kappe (Mütze) des Prinzen. Es ist Vormittag, es ist kalt, und die Kneipe ist leer.

»Heute schon gefrühstückt?« fragt Andreas I. schelmisch in die Runde und prustet die Antwort gleich hinterher: »Nee, keinen Schluck wa?« Von diesem Kaliber sind alle seine Einlagen. Muß man komisch sein, um als Prinz gewählt zu werden? »Komisch?« grübelt Andreas I. »Tja, komisch?« Der Pressereferent des Prinzlichen Hauses definiert: »Natürlich muß ein Karnevalsprinz gewisse qualitative Eigenschaften mitbringen. Allem voran muß er in der Lage sein, die karnevalistische Grundidee, sagen wir mal, also den Frohsinn, praktisch von seiner Person aus in das Publikum zu transformieren. Alle karnevalistischen Aktivitäten münden im Frohsinn.«

Nun, da die theoretische Grundlage gelegt ist, kann auch der Prinz mitreden. »Dit ist doch so. Ick sag' den Leuten: Kiekt her, ick bin lustig. Also seid ihr jetzt auch lustig! Ick will den Leuten ein Stück Freude bringen.« »Gerade in der gegenwärtigen Zeit«, ordnet Titze ein, »ist es ein besonderes Bedürfnis der Menschen, einfach mal abzuschalten. Ein sehr aktuelles Bedürfnis.« Wir starren in unsere Gläser und Tassen, wir zünden Zigaretten an. Niemandem fällt ein Witz ein. Am wenigsten dem Prinzen selbst.

Andreas I. kam nicht als Prinz zur Welt. Damals, 1952, und auch die folgenden vierzig Jahre war er Andreas Hesse. Er hat vier Schwestern und lernte nach der Schule drei Jahre lang, um kaufmännischer Angestellter zu werden. Da ihm das keinen richtigen Spaß machte, versuchte er sich als Versicherungsvertreter. Weil das nun wiederum seinen Eltern als wenig krisenfest erschien, begann er 1980 im Öffentlichen Dienst. Zehn Jahre saß er im Informations-Zentrum Berlin. »Wir waren dort direkt dem Regierenden Bürgermeister unterstellt«, ist ein Fakt, an den sich der 40jährige offenbar gern erinnert.

Er saß in der Abteilung, die vor allem Schülergruppen die politische Rolle West-Berlins eintrichterte. 1990 machte Andreas Hesse sein Hobby zum Beruf. Er ist jetzt Discjockey, reist mit einer mobilen Diskothek durch die Lande. »Einsegnungen, Hochzeiten, Dampferfahrten, Betriebsfeste – ich bespiele, was verlangt wird. Meine Palette reicht von Rudolf Schock bis AC/DC.« Am liebsten allerdings hört er Roland Kaiser, Bernhard Brinck und auch Ireen Sheer, Musik also, »nach der man noch richtig tanzen kann«. Aber danach fragt ja keiner.

Am 11.11. um Elfuhrelf schließlich verwandelte sich Andreas Hesse aus Britz in Andreas I., Prinz von Berlin. »Seitdem gerät mein Beruf natürlich etwas ins Hintertreffen.«

Wie kam man gerade auf ihn? Schweigen in der karnevalistischen Traditionsecke. Ist es nicht für jeden Faschingsmenschen ein Traum, einmal Prinz zu sein? Das schon. Na also, warum Andreas Hesse? Wie konnte er sich gegen die Konkurrenz (schließlich gibt es achtundzwanzig Berliner Karnevalsvereine mit über viertausend uniformierten Mitgliedern) durchsetzen? Pressereferent Titze erwacht als erster. »Sie dürfen natürlich nicht vergessen, daß es eine kostspielige Angelegenheit ist, Prinz zu sein.«

»Genau«, schaltet sich Andreas I. ein. »Allein die Uniformen und die Orden kosten eine Stange Geld.« Vierhundert Orden hat sich der Prinz in einer Spezialfirma anfertigen lassen. Kostenpunkt achttausend Mark. Zweihundert hat er schon verliehen, der Rest wird im nächsten Jahr an verdienstvolle Brüste geheftet. Eventuell muß nachgeordert werden. Dazu kommen Reisekosten, Autogrammpostkarten vom Prinzenpaar mit güldenem Stift signiert, unzählige Bierrunden und und und. Insgesamt müsse man etwa 50 000 Mark anlegen können, um ein Jahr Prinz zu sein. »So ist es wohl verständlich«, erklärt Pressereferent Titze, »daß die Anzahl der Bewerber überschaubar war.« »Ziemlich überschaubar«, ergänzt der Prinz. Genaugenommen war er der einzige, der den Job wollte.

Der Prinz erzählt ein wenig vom Streß, den die Herrschaft mit sich bringt. »Da hast du sechs Veranstaltungen an einem Tag, da ist der Auftritt des Prinzenpaars dann nicht viel mehr als: Raus-aus'm-Auto-Einmarschieren-Aufmarschieren-Ausmarschieren-rein-ins-Auto.« Und Titze verallgemeinert. »Ja während der Session haben wir kaum Zeit, ins karnevalistische Geschehen einzugreifen.« Schnaufend fährt sich der Prinz unters Doppelkinn. In den »Stoßzeiten«, wenn die »Höhepunkte« sich nur so jagen, komme er kaum noch dazu, mal eine Bockwurst richtig aufzuessen. Er habe schon mehrere Kilo abgenommen. Man brauche bloß einmal seine jetzige Figur mit den Autogrammpostkarten zu vergleichen, ohne allerdings zu vergessen, daß der geschneiderte Frack, den er auf dem Foto trägt, natürlich streckt, dann würde deutlich, was er meint. Die Klagen reihen sich wie Argumente zu der Schlußfolgerung: »Eigentlich müßte man sich mal was zwischen die Kiemen schieben.« Und da der Kellner gerade am Tisch vorbeistreunt, wählt der Prinz kurz entschlossen: »Einmal Leberkäse mit schön viel Bratkartoffeln!«

Mit dem Essen kommt Besuch. In den Bratkartoffeln wühlend, stellt Andreas I. seine Vorgänger vor. Da haben wir Robert den Löwen, eine großgewachsene Erscheinung mit weißer Mähne. Er regierte die Session 89/90, eine historische, wie er findet. »Am 9.11. ging die Mauer auf, am 11.11. begann meine Karnevalssession.« Dem Löwen gehören das Wirtshaus und auch all die Orden und Fotos, die die Traditionsecke schmücken.

Sein Begleiter steckt zunächst in einem eleganten grünen Trenchcoat und durfte sich noch vor kurzem Gerhard von Köpenick nennen. Er war in der Session 90/91 das karnevalistische Symbol der Wiedervereinigung. »Wir haben im Prinzip als erste begriffen, was die Stunde geschlagen hat«, erinnert sich Robert der Löwe, der – wie gesagt – die historische Dimension des Karnevals nie vernachlässigt. Es wird gegessen und von alten Zeiten geschwärmt. Die beiden ehemaligen Prinzen reden offensichtlich gern. Andreas I. stopft konzentriert die Bratkartoffeln in sich hinein.

Auch die erweiterte Runde kann nicht schlüssig erklären, ob er überhaupt komisch sein muß, der Prinz, oder wie er denn sein muß, wenn nicht komisch. Immerhin kann Gerhard von Köpenick, der mit bürgerlichem Namen Gerhard Bohne (»Bohne wie Erbse – uahh«) heißt, eine ziemlich schlüssige Funktionsbestimmung des Karnevals im Sozialismus abgeben. »Im Osten gab es ja keine anderen Veranstaltungen. Da sind die Leute natürlich in Scharen zum Karneval gekommen. Da konnten sie sich wenigstens einmal frei fühlen.« Bohne, der Abteilungsleiter im Kabelwerk Oberspree war (»Schreiben Sie mal Angestellter. Im Osten gab es nur Angestellte und Parteisekretäre.«), organisierte seit den siebziger Jahren Faschingsveranstaltungen im KWO-Klubhaus. »Das war eine Form des Protestes. Was glauben Sie, warum auf manchen Faschingsveranstaltungen Striptease-Einlagen gebracht wurden. Das war in gewisser Weise eine heimliche Demonstration gegen den Staat.« Die Runde lächelt mild-mitleidig. Robert der Löwe erzählt, wie er einem Ost-Karnevalsverein klargemacht hat, daß es nicht Fasching heißt, sondern Karneval, Titze verallgemeinert unentwegt, Gerhard von Köpenick schraffiert weiter das Bild vom Bürgerrechtler mit der Narrenkappe, nur Andreas I. kommt immer zu spät.

Dennoch macht er die komischste Bemerkung des ganzen Tages, auch wenn niemand darüber lacht. Gerhard

Bohne berichtet eben, daß er für seine Veranstaltungen nie Künstler bekam. Sie hätten sich einfach nicht getraut, beim Karneval aufzutreten. Aber wieso denn nicht? Bevor irgend jemand etwas sagen kann, murmelt es Andreas I. zwischen dem Bratkartoffelbrei heraus: »Na stasimäßig.« Kein tätä-tätä, nichts.

Statt dessen geht Gerhard Bohne, der nach der Wende nicht nur Prinz, sondern auch Makler wurde, und Robert der Löwe beschwört noch einmal alte Bilder. »Bei meiner Inthronisation stand ich also vor dem Schöneberger Rathaus, auf dem Platz, wo gestern noch Willy Brandt geredet hatte, vor mir die uniformierten Karnevalisten, dahinter eine dichtgeschlossene Polizeikette, und im Hintergrund sah ich die Leute nach ihrem Begrüßungsgeld anstehen. Im übrigen habe ich im November Manfred Stolpe einen Karnevalsorden verliehen, davon muß ich jetzt noch mal kurz erzählen ...«

Irgendwie ist alles schiefgelaufen. Schon die Inthronisation ging in die Hose. Andreas I. wollte mit seinem Gefolge das Rote Rathaus stürmen. Nur war leider niemand da, den er ernsthaft bedrängen konnte. Eberhard Diepgen war in Amerika auf Olympiatour, Christine Bergmann, die zur Verfügung stehen sollte, sagte kurzfristig ab, also wurde Andreas I. auf den Senatssprecher vertröstet, doch dann konnte auch der nicht. Schließlich sah sich der Hofstaat mit einem stellvertretenden Senatssprecher konfrontiert, dessen Name Andreas I. inzwischen entfallen ist.

»... und dann lacht der Stolpe und sagt, na das ist ja endlich mal ein Orden, den ich ruhigen Gewissens annehmen kann. Da hat der Saal getobt, sag' ich Ihnen.« Andreas I. versucht gar nicht mehr gegenzuhalten. Inzwischen mußte auch sein Pressereferent weg. Titze, von dem Andreas Hesse ganz bestimmt glaubt, daß er reden kann. Andreas I. erzählt, daß er auch schon auf Veranstaltungen aufgetreten ist, bei denen Bezirksbürgermeister anwesend waren.

Zwischen die heftigen Redeanfälle des Gastwirtes flicht er kleine atemlose und ungeschickte Begebenheiten des Prinzendaseins. Er erzählt, daß er auf der Bühne steht und das Publikum ihm gar nicht zuhört. »Das ist so im Publikum drin.« Den ganzen »Knüllern« von Robert dem Löwen hält er einen »Höhepunkt« entgegen, den er für seine Prunksitzung organisiert habe. »Da kommen die Guggemusiker. Das wird ein Höhepunkt.« Oder die »ostfriesische Antwort auf Michael Jackson«, den sie einmal auf einer Veranstaltung in Britz hatten. »Das war ein Höhepunkt.«

Aber irgendwie kräht ihn Robert der Gockel trotzdem immer wieder herunter.

»Wieso hast du dir eigentlich keinen besseren Namen ausgedacht? So einen wie Robert der Löwe«, treibt er die Sache auf die Spitze. »Wie hätte ich mich denn nennen sollen? Andreas der Dicke?«

Dann, völlig unerwartet, bricht es aus ihm heraus. »Ich sehe im Karneval vor allem eine gewisse Rangordnung. Der Prinz ist und bleibt das absolut Höchste, da geht nichts vorbei.« »Ja, aber als Persiflage«, versucht ihn Robert zu bremsen. Es ist zu spät. Die Augen des Prinzen funkeln. »Ich mache da keine Abstriche. Wenn man den Leuten den kleinen Finger reicht, nehmen sie doch gleich die ganze Hand. Disziplin muß sein. Wer sich an meinen Tisch setzt, muß mich vorher fragen. Wer von meinem Tisch aufsteht, muß mich vorher fragen. Keiner betritt vor mir den Raum. Niemand im Saal nimmt seine Kappe vom Kopf, wenn ich meine Kappe noch trage. Die Prinzessin ist nicht mehr als mein schmückendes Beiwerk. Sie geht an meiner linken Seite, sie redet nicht ungefragt und wird erst nach mir gegrüßt. Mein Adjutant wartet so lange, bis ich gehe, dann fährt er mich nach Hause. Und egal wie spät es ist, er steht am nächsten Morgen pünktlich mit dem Wagen vor meiner Tür. Manche Leute mögen das etwas laxer sehen. Ich nicht. Eine gewisse Rangfolge muß sein.«

Robert der Löwe guckt verblüfft. Andreas I. ist atemlos. Der Prinz hat seine Rede gehalten und muß zur Toilette.

Nach fünf Minuten kommt er wieder. Als Andreas Hesse. Es gibt Träume, die kann man sich nicht kaufen. Nicht mal für 50 000 Mark.

Dezember 1992

Nur stille in der Ecke stehen und zusehen, wie die feiern

Horst Schulz und Manfred Michaelis reden über das Trinken, die Einsamkeit, ein paar Wünsche und den Knacks im Leben

Vor der Kaufhalle in Hohenschönhausen stehen ein paar harte Holzbänke. Es gibt einen kleinen Springbrunnen dort und auch grüne Sträucher. Irgendwann am Tag kommen Horst Schulz und Manfred Michaelis hier vorbei. Mal früher, mal später. Sie sitzen dann da und trinken das Bier aus den Büchsen, die sie sich aus der Kaufhalle holen. Sie gehören zum Bild auf dem Platz vor der Halle. Die Hohenschönhausener, die dort beim Einkauf vorbeikommen, würden die beiden alten Herren Penner nennen. Das stimmt ein bißchen, und ein bißchen stimmt es nicht. Der Alkohol hat die Gesichter der Männer zerstört, und sie pinkeln auch schon mal in die Büsche. Aber die beiden haben eine Bleibe, sie haben ein Bett für die Nacht. Der zweiundsechzigjährige Horst Schulz, der früher einmal Kellner war, bewohnt eine Ein-Zimmer-Wohnung, und Manfred Michaelis (52) lebt in einem Hohenschönhausener Altersheim, in das der ehemalige Fernsehmonteur eingewiesen wurde, weil er mit dem alltäglichen Leben nicht mehr klar kam. Die Einsamkeit und die Sucht nach dem Alkohol treibt sie immer wieder auf die Holzbänke. Meistens sitzen sie nur schweigend nebeneinander, manchmal reden sie ein paar Belanglosigkeiten.

Horst Schulz: Was hastn da wieder für 'ne Schramme am Kopf?

Manfred Michaelis: Ach, das war gestern abend. Da bin ich durch das Waldstück bei uns vorm Heim noch 'n bißchen spazierengegangen. Und da hab' ich dann den Ast nicht gesehen.

H. S.: War schon dunkel gewesen?

M. M.: Genau.

H. S.: Und voll warste auch?

Booker
Wir wollen selbst etwas tun!
DAS
DIE ZUSAMM ROTTUNG HANS
DER GELBE ARNFRIED
ZERSCHOSSENE TRÄUME NO NAME
STEVE BINETTI U.A.

M. M.: Naja.
H. S.: Weißte, eigentlich reden wir hier ja kaum miteinander. Wir kennen uns vom Sehen. Die acht, neun Gestalten, die hier immer herkommen, sind alles Einzelpersonen. Man redet über belanglose Dinge, um die Zeit totzukriegen. Man sucht den Kontakt …
M. M.: … zur Außenwelt …
H. S.: …, weil man den sonst nicht hat. Aber persönliche Bindungen zwischen uns gibt es eigentlich nicht. Trotzdem biste zufrieden, wenn du mit jemand schnattern kannst. Auch wenn man gar nicht schnattern tut. Wenn du verstehst, was ich meine. Es ist einfach gut, wenn jemand stille neben dir sitzt, Hauptsache ist, es sitzt überhaupt jemand da.
M. M.: Manchmal reicht's mir schon, wenn ich nur zugukken kann. Hier laufen viel Leute vorbei, den' man zugukken kann. Und wenn jemand von uns auf der Bank sitzt, setz' ich mich natürlich dazu. Wie der heißt und wo der herkommt, ist doch egal. Ich will den doch nicht mit meinen Problemen belasten. Die hier sitzen, haben sowieso selbst Probleme genug.
H. S.: Das ist genau wie bei meinen Kindern. Also, die haben auch genug Probleme, mein' ich. Wenn ich zu denen komme, komm' ich mir immer bißchen vor, wie 'n Bittsteller. Also ich will ja auch was mitbringen. Ich will was geben und nicht nur nehmen. Und da ich nichts habe, was ich geben kann, geh' ich gar nicht zu ihnen hin. Oder, sagen wir mal, selten.
M. M.: Wieviel Kinder haste denn?
H. S.: Ingesamt acht. Sieben von meiner zweiten Frau und eins von meiner ersten. Alle sind was geworden und haben Arbeit. Toi, toi, toi.
M. M.: Also ich habe ja nur zwei, aber von der Sache her ist es dasselbe. Wenn ich meinen Sohn anrufe, sagt der: »Mensch, Papa. Schön, daß du anrufen tust, aber ich habe im Moment überhaupt keine Zeit.« Mein Sohn ist Fernsehmechaniker, genau wie ich. Natürlich sagt man nur Gutes über sein' eignen Sohn, aber der Heiko ist wirklich ein feiner Kerl. Und daß er keine Zeit hat, versteh' ich. Der will doch vorwärts kommen in seinem Leben. Da kann ich mich nicht wie ein Anker an ihn ran-

hängen. Nee, das mach ich nicht. Dazu bin ich dann auch zu stolz. Ist 'n guter Junge, auch der andere. Der macht Kraftfahrer.

H. S.: Na, du mußt ja auch mal sehen, daß die ganz andre Ansprüche haben heute. Ich trage eine Hose zehn Jahre, aber die denken nach vierzehn Tagen schon, ihre Hose ist unmodern und woll'n eine neue haben. Der Drang nach was Neues ist doch viel stärker.

M. M.: Wie heißt das Sprichwort? Zwei Eltern können zehn Kinder ernähren, aber zehn Kinder nicht zwei Eltern. So ähnlich jedenfalls.

H. S.: Ist was dran. Aber ich bin ja auch 'n schlechtes Vorbild. Sieh mal, ich hab' von mein ganzes Leben im Prinzip nichts gehabt. Ich hab' immer mehr oder weniger versucht, mich über Wasser zu halten. Ich konnte mir nie was leisten. Das Geld war meistens so knapp gewesen, daß ich kämpfen mußte, um was im Magen zu kriegen.

M. M.: Neulich abends ist mir was Schönes passiert. Da bin ich noch so ein bißchen spazierengegangen, und die Frau vom Gemüsestand hier macht gerade ihren Stand zu, plötzlich drückt sie mir 'ne Tüte in die Hand und sagt: »Nehm' nur, ich schmeiß' das sonst sowieso nur weg.« Wie ich zu Hause war, also im Heim, pack' ick die Tüte aus, und da sind Pfirsiche drin, Nektarinen und Bananen. Bißchen angedrückt schon, aber herrlich. Ich hab' mich an dem Abend totgegessen an Früchten.

H. S.: Eigentlich ist das doch traurig.

M. M.: Stimmt schon, wenn man bedenkt, daß ich mal PGH-Leiter (Produktionsgenossenschaft des Handwerks) war und Meister. Und jetzt bin ich auf Almosen angewiesen. Ich bin doch mehr oder weniger ein Bettler. Auch, daß die mich im Heim unterbringen und verpflegen, sind doch nur Almosen.

H. S.: Vor allem, wenn man bedenkt, daß es keine Möglichkeit gibt, daß es besser wird. Es kann nur schlechter werden.

M. M.: Nee, nee. Das ist nicht mein Standpunkt.

H. S.: Woher soll dir das noch mal besser gehen? Woher denn? Wovon? Dein Lebenslauf kann nicht mehr nach oben gehen. Niemals. Für die alten Leute wie uns sieht's ziemlich schlecht aus. Andererseits, woher soll denn der Staat auch das Geld nehmen? Wir produzieren doch nichts, wir nehmen nur. Das kann ich schon verstehen, daß er uns nur das Minimum geben tut, nur soviel, damit wir nicht verhungern.

M. M.: Du kannst nicht hundert Mark ausgeben, wenn Du nur zehne in der Tasche hast.

H. S.: Andererseits, wenn ich manchmal so Zeitung lese, frag' ich mich auch, wieso geht's ausgerechnet mir so schlecht und anderen so gut? Also Politiker zum Beispiel, die verdien' doch mindestens viertausend Mark. Wenn das reicht. Und ich krieg' siebenhundertfünfzig Rente. Da komm' ich schon ins Grübeln. Vielleicht les' ich deshalb so wenig Zeitung.

M. M.: Also ich les' eigentlich fast jeden Tag. Bei uns im Heim liegen eigentlich immer Zeitungen rum. Es muß nicht die von heute sein, aber zu lesen hab' ich immer was. Und abends seh' ich mir Nachrichten im Fernseher an. Dann seh' ich meistens noch Spielfilme oder Unterhaltungssendungen.

H. S.: Ich finde, das Fernsehen bringt viel zuviel Gewalt. Das zeigt den jungen Leuten, daß du am besten mit der Faust durchs Leben kommst. Das verherrlicht Gewalt.

M. M.: Verharmlost ist das richtige Wort. Verharmlost.

H. S.: Von mir aus. Jedenfalls haben die Jugendlichen kein' Respekt mehr vor'n Alter. Das ist heute mehr andersrum. Ich muß immer schön höflich sein zu den Jungs, damit ich keine auf die Nuß kriege.

M. M.: Du mußt es ja nicht drauf ankommen lassen. Du mußt ihnen aus dem Weg gehen. Wenn du natürlich zum Bahnhof gehst, wo die alle rumhängen, brauchste dich nicht zu wundern.

H. S.: Ist doch schlimm alles. Aber was ist nicht schlimm? Mein ganzes Leben ist schlimm. Da sitz' ich denn zu Hause, die Decke fällt mir auf'n Kopf, dann geh' ich runter zur Halle, hol' Zigaretten und paar Bier, die tu' ich in mein Beutel hier, dann sitz' ich hier auf der Banke und starr' vor mich hin, dann geh' ich hoch und koch mir 'ne Suppe, wenn überhaupt, denn geh' ich wieder runter, sitz' auf der Banke. Und abends guck' ich Fernsehen, bis es flimmert. Manchmal red' ich den ganzen Tag mit kein' andern, außer mit mir und der Kassiererin in der Kaufhalle. Das ist doch stupide. Da wirste mit der Zeit sonderlich.

M. M.: Ach, ich kann mich eigentlich nicht beklagen. Bei mir im Heim ist immer was los. Da ist für Unterhaltung gesorgt. Manchmal machen sie Busfahrten, einmal war ich mit. Im Spreewald. War wunderschön gewesen. Dann kommt ein Akkordeonspieler, der spielt denn auf'n Gang. Überhaupt auf den Gängen ist immer viel los, da sind Leute, mit denen man auch mal eine rauchen kann. Nur abends, wenn sich alle in ihre Zimmer verkriechen, wird's langweilig. Aber das Essen zum Beispiel ist ein Traum. Soviel, daß dreie davon satt werden.

H. S.: Aber unter Leben stell' ich mir, mal auf deutsch gesagt, was anderes vor, außer satt zu essen haben. Zigarette?

M. M.: Ja, herzlichen Dank.

H. S.: Also, da stell' ich mir vor, daß ich mir auch mal ein neues Hemd oder 'ne neue Jacke kaufen kann, wenn ich will. Die Sachen, die ich anhab', werden doch nicht besser mit der Zeit. Und ich will ja nicht auffallen, daß ich stinke oder so. Dann würde ich gern mal in eine Gaststätte gehn können und nicht immer hier auf der Banke sitzen müssen. Im Sommer könnte man dann mal rausfahren nach Rahnsdorf, da gab's früher so Strandcafés, ich war ja schon jahrelang nicht mehr draußen, da könnte ich mich dann hinsetzen, was trinken und den Leuten zusehen. Und dann würd' ich auch gern mal 'ne Reise machen.

M. M.: Wohin willst du denn reisen, frag' ich mich?

H. S.: Ich wüßte schon. Nach China zum Beispiel, wo man immer liest, daß die so arbeitsam sind. Trotzdem sind die so bettelarm. Da würde ich gern mal seh'n, warum. Oder in Afrika, wo soviel Menschen verhungern. Ich weiß auch nicht, warum ich da hin will. Vielleicht, um zu sehen, daß es Menschen gibt, denen es noch viel dreckiger geht als mir. Nur im Gegensatz zu mir können die nichts dafür. Oder vielleicht doch ein bißchen. Ich denk' mir, die wachen morgens auf und sehen, daß es sowieso nichts wird, weil's nicht regnet oder sonstwas, und dann denken sie, da können wir eigentlich auch gleich liegenbleiben. So ähnlich. Jedenfalls nach China würd' ich reisen wollen.

M. M.: Ist ja alles Spinnerei. Aber ich möchte mal nach New York, da ist nämlich meine Mutter geboren. Mein Opa und meine Oma sind damals dahin ausgewandert, dann wurde meine Mutter geboren, und dann sind sie aber wieder zurückgekommen. Ich würd' mir das gern mal ansehen. Aber das sind Träume. Wie sollen wir denn das Geld für so 'ne Reise zusammenkriegen. Ich kann mir ja nicht mal leisten, nach Köln zu fahren. Ich würde mir gerne mal den Karneval ansehen. Nur stille in der Ecke stehen und zugucken, wie die feiern. Vielleicht ist das ja für einen Berliner gar nichts vom Temperament her gesehen. Das könnte man ja rauskriegen. Jedenfalls ist es schade, wenn man überlegt, wie klein die Erde in diesem großen Weltall ist, und ich kann nicht mal nach Köln fahren.

H. S.: Moment, da will jemand seiner Arbeit nachgehen. (Ein Straßenfeger fegt sich in ihre Nähe. Sein Besen schiebt Kippen und Bierbüchsen vor sich her.) Komm', wir setzen uns mal rüber auf die andre Banke.

Straßenfeger: Ach, bleibt doch sitzen.

H. S.: Nee, nee. Das sieht ja auch schweinisch aus hier. Statt die mal paar Tonnen hinstellen, wo man seine Büchse reinwerfen kann. Nichts!

M. M.: Gab's hier früher nicht sowas?

H. S.: Ja, aber haben sie doch alles weggenommen.

M. M.: Jedenfalls fehlt's mir im Heim an nichts. Ich hab's eigentlich gut getroffen.

H. S.: Also mir wär' das nichts, so eingesperrt zu sein.

M. M.: Moment mal, also eingesperrt bin ich nicht! Ich kann jederzeit gehen, wenn ich will.

H. S.: Wohin willste denn gehen?

M. M.: …

H. S.: Ist ja gut. Ich hab's ja nicht so gemeint. Aber kuck mal, Menschen, die im Heim wohnen, sind mehr oder weniger milieugeschädigt. Ein' Professor würden die doch nicht ins Heim stecken, nur weil der keine Wohnung hat. Aber Leute, die irgendwie psychische Schäden haben …

M. M.: Also wir haben auch Rollstuhlfahrer in unserm Heim …

H. S.: Das mein' ich jetzt nicht. Ich mein' Leute, die draußen alleine nicht zurechtekommen. Die unter die Räder kommen, wenn sie alleine leben. Alle, die in deinem Alter im Heim leben, haben doch irgendwann mal einen Knacks gekriegt. Und wenn du einmal in dem Strudel bist, kommste nicht mehr raus. Das geht mir doch genauso. Nennen wir doch das Kind beim Namen.

M. M.: Stimmt schon. Bei mir war das die Sache mit meiner Frau. Ich bin einfach nicht drüber weggekommen, daß sie sich hat scheiden lassen. Ich hab' dann dem Alkohol einfach zu sehr zugesprochen. Vorher und danach erst recht. Dann hatte ich keine Arbeit mehr, und nachher mußte ich aus der Wohnung raus. Ist schon schlimm, wenn man bedenkt, was ich mal dargestellt hab'. Ich war Meister, ich hab' ein Kollektiv geleitet.

H. S.: Was soll ich denn sagen. Ich hab' bei Borchardt-Kempinski gelernt, später hab' ich in großen Häusern gekellnert, im »Haus Budapest«, im »Café Warschau« und in der »Müggelseeperle«. Da war ich noch 'n Bengel, der in die Welt gepaßt hat. Obwohl, getrunken hab' ich damals auch schon. Aber sag' mir 'nen Kellner, der nicht trinkt. Aber ich hab's eben übertrieben. Zwei Frauen haben sich wegen der blöden Sauferei von mir scheiden lassen. Zum Schluß war ich dann Koch bei Tiefbau. Ich hab' eine Entziehungskur gemacht, und danach haben sie mir die Wohnung hier gegeben. Da konnt' ich noch froh sein.

M. M.: Wieso säufste denn noch, wenn du eine Kur gemacht hast?

H. S.: Ach, weißte. So schlimm wie früher ist es ja nicht mehr. Aber ich komm' mit dem Leben einfach nicht klar. Ich habe Schulden gemacht. Dann wollten sie mich aus der Wohnung schmeißen, weil ich die Miete einfach nicht mehr bezahlen konnte. Da muß ich Inneres sehr dankbar sein, daß die meine Schulden übernommen haben.

M. M.: Ich will dir mal was sagen. Im Gegensatz zu den normalen Menschen, ich meine, wir sind ja auch normale Menschen, aber im Gegensatz zu den anderen neigen wir dazu, uns eine rosarote Brille aufzusetzen, wenn's Probleme gibt. Dann landest du eben früher oder später auf der Banke.

H. S.: Nee, das muß nicht sein. Was denkst du denn, wer alles säuft. Rechtsanwälte, Polizisten, Künstler ...

M. M.: ... Komponisten ...

H. S.: ... die auch, und sogar Ärzte haben eine Pulle im Schreibtisch. Das geht durch alle Schichten. Das hab' ich mitgekriegt, wie ich damals bei der Kur zu Seminaren war. Dann gibt's auch noch Quartalstrinker, die trinken vier Wochen nichts, und dann saufen sie sich ein, zwei Tage total voll und dann wieder nichts.

M. M.: Keine schlechte Sache so 'n Quartalstrinker.

H. S.: Ach, ist doch alles Mist. Manchmal wünsch' ich mir, ich könnte die Welt, ich mein' meine kleine Welt, noch mal zwanzig Jahre zurückdrehen. Wenn ich dann sehen könnte, wie ich jetzt lebe, würde ich mein Leben doch ein bißchen besser einteilen. Man sollte nicht so in den Tag hineinleben.

M. M.: Wenn ich das Rad zurückdrehen könnte, ich hätte mich auf keinen Fall von der Familie gelöst. Das war der größte Fehler, daß ich mich von meiner Frau getrennt habe. Der Mensch braucht einen Pfahl, an dem er sich festhalten kann. Wenn der ihm weggeschlagen wird, kommt er unter die Räder.

H. S.: Mir würde schon helfen, wenn mich wenigstens zwei Stunden am Tag jemand brauchen könnte. So ganz ohne Aufgabe komm' ich mir irgendwie blöde vor. Entschuldigt mich mal. Mir drückt die Blase.

Oktober 1992

Sie haben immer mal an seiner Wohnungstür geschnuppert

Frank W. lag fast ein Jahr lang tot in einem Berliner Hochhaus

Wenn sein letzter Blick noch einmal aus dem Fenster ging, dann war er so traurig wie sein ganzes Leben. Eine allerletzte, verschwommene Aufnahme einer grauen Landschaft. Elf- und achtzehngeschossige Betonklötze, ein schotterner Fußballplatz, langgestreckte, tote Lagerhallen, Gleisanlagen, Strommasten und Güterwaggons, eine Handvoll Schornsteine und der milchige Dampf aus dem Heizkraftwerk Rummelsburg. Dazwischen irgendein matschiger, lebensmüder November- oder Dezembertag. Alles, was danach kommt, muß besser sein. Besser als dieses Bild, und besser als dieses Leben.

Irgendwann am Ende des vorigen Jahres, so genau läßt sich das nicht mehr feststellen, hat es Frank W. geschafft. Er starb in seiner Einzimmerwohnung im elften Stock eines Hochhauses im Neubaugebiet Frankfurter Allee Süd. Genau vor drei Wochen fand man ihn dort. Inzwischen waren etwa zehn Monate vergangen, in denen der einundfünfzigjährige Mann niemandem fehlte.

Der Tote hat exzellent funktioniert. Pünktlich und zuverlässig zahlte er seine Miete wie eh und je. Er war zurückhaltend wie früher. Er hat keine laute Musik gemacht, keine Frau verprügelt und nicht nach 20 Uhr die Schlagbohrmaschine angeworfen. Er belästigte den Hauswart nicht mit kleinlichen Reparaturaufträgen und schickte keine Drohbriefe an die Wohnungsbaugesellschaft. Er schwänzte nicht die Treppenreinigung, denn die hatte längst eine Firma übernommen. Er fehlte nicht bei Hausfesten oder Arbeitseinsätzen in den Grünanlagen, denn die fanden nicht mehr statt. Er blieb im Tode wie zu Lebzeiten: ruhig, zurückgezogen und bescheiden. Nicht einmal gestunken hat er. Die Fenster waren undicht, so daß die Leiche nicht verfaulte, sondern austrocknete.

Den Rest haben die Leute besorgt, die er einmal gekannt hat – seine Nachbarn, seine Verwandten, seine ehemaligen Kollegen, die Ärzte, die ihn behandelten, die Frau an der Kasse der Kaufhalle, die Apothekerin, die Postfrau und der Hausmeister. Sie schauten weg.

Coppistraße 12 ist keine gute Adresse mehr. Vor zwanzig Jahren galt es als Privileg, in den grauen, achtzehnstöckigen und zentralbeheizten Wohnturm einzuziehen. In den Genuß kamen vor allem Armeeangehörige und Mitarbeiter der nahen Stasi-Zentrale. Inzwischen haben diese Arbeitgeber pleite gemacht, die Wohngegend ist nicht mehr ganz so exklusiv, der liebevoll laubgesägte Spaten in der Lobbybuchte, in dem früher immer der nächste Subbotnik vermerkt wurde, ist leer, und irgendein Rowdy hat die Scheibe der Eingangstür eingeworfen. Die Fahrstuhlkabine, verziert mit kleinen Ferkeleien und einem Werbekasten, schaukelt sich in den elften Stock. Die Kabinentür öffnet sich zu einem kalten Neonflur. Ein Gang, der sich in zwei sackartigen Ausbuchtungen mit jeweils vier Türen verliert. Im September 1974 ist Frank W. hier das erste Mal ausgestiegen.

Frau Jürn, die direkt neben ihm wohnte, öffnet ihre Wohnungstür nur so weit, daß gerade ihre Nase durchpaßt. »Ich kenne den Mann nicht!« zischt sie und schließt den Spalt. Frau Hundt von gegenüber hat mit W. »keine zwei Worte« gewechselt. Die Polizei, die ihn jetzt abholte, habe sie auch schon gefragt. »Ich habe nichts gerochen«, sagt die junge Frau, und weil das ein bißchen hart klingt, fügt sie noch hinzu: »Im Neubau kennt man sich nicht, das ist nun mal so.«

»Na ja, die sind auch keine Erstbezieher«, erklärt Inge Friedrich und schüttelt vorwurfsvoll den Kopf. Erstbezieher, wie stolz das klingt. Es ist ein Wort, das Frau Friedrich immer wieder benutzt, weil sie nicht viel mehr hat, worauf sie stolz sein kann. Der Mann, der durch die kleine Wohnstube läuft wie ein Tiger im Käfig, gehört jedenfalls nicht mehr dazu. Lothar Friedrich war einst Hauptmann der Staatssicherheit. Und er war, als es sowas noch gab, Etagenverantwortlicher jener Etage, auf der auch Frank W. fast zwanzig Jahre lang lebte.

»Gestern erst erfahren, unfaßbar, in unserm Haus, un-

sere Etage, zehn Monate, nein, kann doch nicht sein, muß man doch riechen, zehn Monate, gibt's doch nicht, gestern erst erfahren, war auch Genosse gewesen, klar, nach der Wende kaputtgegangen, war ja immer schon krank, dann noch gesoffen, auch vor der Kaufhalle, aber sowas, gestern erst erfahren ...« Friedrich stößt die Worte wie Telegrammschnipsel aus. Sie schwirren durch die kleine, enge Stube und machen seiner Frau traurige, vorwurfsvolle Augen.

»Hör doch auf Lothar«, sagt sie dann, um etwas Ordnung in den Wortwust ihres Gatten zu bringen. »Ich mache mir ganz schöne Vorwürfe, aber was hätten wir denn tun sollen. So im März haben wir uns das erstemal gefragt, wo denn der W. abgeblieben ist. Ich meine, er war ja schon immer ein absoluter Einzelgänger, aber ab und zu hat man ihn schon mal gesehen. Und die Post hat er auch nicht rausgeholt. Man kann aber mit einem Schlüssel mehrere Fächer aufmachen. Da hab' ich dann die Werbung rausgeholt und weggeschmissen und die Briefe sortiert. Da haben wir uns schon Gedanken gemacht. Der W. hatte ja auch schwere Diabetes und sah immer schlechter aus in letzter Zeit. Wir haben auch geklingelt, aber er hat nicht aufgemacht. Und es hat auch nicht gestunken. Wir sind an die Wohnungstür gegangen und haben gerochen. Wir haben gedacht, er ist vielleicht wieder ins Krankenhaus eingeliefert worden, er war ja öfter im Krankenhaus.«

»Genau, Krankenhaus«, pflichtet ihr Mann hastig bei, »keine Vorwürfe für uns, sind eben die Zeiten, jeder denkt nur an sich, ich vom Hauptmann zum Pförtner, ja schreiben Sie ruhig, daß ich bei der Staatssicherheit war, ich hab' meine Arbeit immer ordentlich gemacht, ich bin doch keine Null.« »Lothar«, unterbricht seine Frau und versucht das Gespräch wieder auf den toten Nachbarn zu bringen.

Wieder ist zu hören, daß er ein Einzelgänger war, aber freundlich, daß er zuletzt nicht mehr zu den Parteiversammlungen kam, früher aber regelmäßig, daß er immer wählen war und sich zum Schluß etwas gehenließ. »Vor ein paar Jahren haben wir zusammen den Flur gemalert«, erinnert sich Inge Friedrich. »Da gibt's sogar noch ein Foto.«

»Flurrenovierung am 17.5.1982« steht auf dem Karton,

auf den das Foto ordentlich geklebt wurde. »Alle waren dabei. Wenzel, Bringmann …, W.« Frank W. steht ganz am Rand des Bildes. Ein großer, schlanker Mann mit vollem dunklem Haar, Brille und Bart. Er trägt ein kariertes Hemd und Jeans. Er sieht irgendwie lockerer aus als die anderen. In der Mitte des Bildes steht Lothar Friedrich. Ein kleiner, durchtrainierter Mann mit einer verwegenen Stirnlocke. Er ist farbbekleckert und stemmt für den Fotografen stolz die Hände in die Hüfte. Zehn Jahre ist das her. Lothar Friedrich hetzt die drei Meter zum Fenster, zerrt die Gardine auf, zerrt sie augenblicklich wieder zu, dreht sich ruckartig um und sagt: »Ich bin auch bald soweit wie der W.«

Es gibt auch Dinge, um die sich ein Toter nicht mehr kümmern kann. W.s Trabant beispielsweise machte Schwierigkeiten. Da er monatelang regungslos auf dem Parkplatz stand, warf irgend jemand irgendwann den ersten Stein. Worauf die Ersatzteilgeier umgehend das Auswaiden begannen. Schließlich spielten die Kinder im Skelett des Autos, und die Nachbarn warfen dem toten W. eine Botschaft in den Briefkasten: »Kümmern Sie sich endlich um Ihr Auto!« Frau Friedrich sortierte sie später zu den anderen ungeöffneten Briefen.

Jürgen Lehmann ist Hausmeister der Coppistraße 12 und begründet die zunehmende Anonymität auch mit den wechselnden gesellschaftlichen Verhältnissen. »Die Leute haben doch jetzt alle mit sich selbst zu tun. Und ein Hausgemeinschaftsleben wie früher gibt's dooferweise auch nicht mehr. Ich bedaure das sehr.« Auf Lehmanns Schreibtisch liegt ein altes DDR-Lehrbuch »Politische Ökonomie des Kapitalismus«. Wenn er Zeit hat, liest der Hausmeister darin, »damit ich verstehe, wie das alles funktioniert jetzt«. Lehmann findet, Marx hatte recht. Meistens hat er aber wenig Zeit, ihn zu studieren.

Neben dem achtzehnstöckigen Hochhaus betreut er noch fünf elfgeschossige, in der Urlaubssaison kommen noch ein paar dazu. »Ich kannte den W. gar nicht. Ich kenne eigentlich nur Leute, die bei mir Schadensmeldungen abgeben. Das sind eigentlich immer die gleichen. Aber ich kann ja mal nachsehen.« Nein, W. gibt es bei Lehmann nicht. Er hat sich nicht ein einziges Mal an den Hauswart gewandt.

Auch die Abteilung der Wohnungsbaugesellschaft, die seit kurzem »Team 8« heißt und in einem durchgestylten Altbau in der Frankfurter Allee sitzt, hatte nie mit Frank W. zu tun. Es gab einen Abbuchungsauftrag, und W. hatte keine Mietschulden. »In seiner Akte«, erklärt mir Claudia Dinse von der WBG Lichtenberg, »lag praktisch nur der Mietvertrag. Es war eine Dienstwohnung der NVA, genauer gesagt des Armeefilmstudios. Wie lange er dort gearbeitet hat, geht daraus aber nicht hervor.«

Frank W. hatte die Filmhochschule besucht und Anfang der siebziger Jahre im Filmstudio der NVA in Biesdorf als Dramaturg angefangen. Er drehte Ausbildungsfilme. Wie bedient man Panzerfäuste, wie verhält man sich taktisch im Gelände, was macht man bei einem chemischen Angriff und solches Zeug. In den achtziger Jahren begann sich seine Krankheit, eine chronische Entzündung der Bauchspeicheldrüse, so zu verschlimmern, daß er oft und lange krank geschrieben wurde. 1987 wurde er schließlich frühinvalidisiert. Sein damaliger Gewerkschaftsvertrauensmann, ebenfalls Dramaturg im NVA-Studio, erinnert sich, daß »seine freiwillige Selbstisolation« schon recht frühzeitig begann. »Wir haben damals viel unternommen: Theaterbesuche, Exkursionen, Wochenendausflüge. Aber W. hat sich eigentlich nie daran beteiligt. Höchstens in den ganz frühen Jahren ist er ein- oder zweimal bei Gruppenfeten aufgetaucht. Vielleicht lag das daran, daß wir so was immer mit Angehörigen gemacht haben. Er hatte ja praktisch keine und kam sich womöglich etwas deplaziert vor.«

Mitte der siebziger Jahre befreundete sich Frank W. mit einer Kollegin, zog dann auch mit ihr gemeinsam in die Coppistraße. Frau Friedrich erinnert sich an eine »dunkelblonde junge Frau, die er nach zwei Jahren wieder rauswarf«. Der Dramaturgenkollege sieht das genau andersrum. »Sie zog aus, weil sie es mit ihm einfach nicht mehr aushalten konnte. Er war so eigenbrötlerisch, so isoliert, daß er kaum zu persönlichen Beziehungen fähig war. Schon damals hat man befürchten müssen, daß das einmal so ein trauriges Ende nimmt.«

Zunächst machte W. aber seine Arbeit ordentlich und engagiert, in Parteiversammlungen galt er als kritischer Kopf, wobei er zu »absoluten und extremen Urteilen«

neigte. »Je schlimmer seine Krankheit wurde, desto mehr hat er sich aber mit seiner Rolle als Sonderling abgefunden«, erinnert sich sein Kollege. »Er hat nie geklagt oder sowas. Er ist in diese Isolation mit vollem Bewußtsein gegangen und war sich eigentlich auch im klaren, wo das enden kann.« Als Indiz dafür empfindet er, »daß er trotz seiner Beschwerden geraucht hat wie ein Schlot«. Den Grund für die menschlichen Probleme sucht der Dramaturg in W.s Kindheit. Er hörte vom gestörten Verhältnis zur Schwester und zu den Eltern. Er hörte von Schwierigkeiten, die man mit W. schon auf der Filmhochschule hatte. »Wir mußten ja dann auch Krankenbesuche bei ihm zu Hause machen«, erzählt er. »Da habe ich erst so richtig begriffen, wie einsam Frank W. wirklich war.« Zuletzt gesehen hat er ihn 1988. Mehr oder weniger zufällig, als W. etwas in seinem ehemaligen Betrieb erledigen mußte. Auch zu anderen Kollegen hatte W. später keinen Kontakt mehr. »Das schlief immer mehr ein. Zuletzt sprach kaum noch jemand mit ihm«, berichtet der Dramaturg und macht eine Pause. »Eigentlich niemand.«

»W.! Was ist mit ihm?«, Frau Dr. Wirths Telefonstimme flattert ein bißchen. »Er ist tot.« »Tot. Suizid?« »Nein.« »Ich habe öfter an ihn gedacht. Ich habe ihn aus den Augen verloren. Ich bin müde geworden. Ach Gott.«

Dr. Jutta Wirth ist Fachärztin für Magen- und Darmerkrankungen an der Charité. W. war jahrelang ihr Patient in der Dispensaire-Betreuung, einer dauerhaften Versorgung gesundheitlich Gefährdeter. Er war ein schwieriger Patient. »Mißtrauisch, verschlossen, kontaktarm, eine komplizierte Persönlichkeit. Leider haben wir auch für so anspruchsvolle Patienten oft nur eine viertel Stunde Zeit«, seufzt die Ärztin. Anfang des vorigen Jahres war er noch mal zur stationären Behandlung für drei Wochen in der Charité. Als Dispensaire-Patient hätte er sich danach in regelmäßigen Abständen bei Frau Dr. Wirth melden müssen, aber er kam nicht mehr. »Ich mußte ihm schon früher Telegramme schicken, weil er nicht zu den Terminen erschien. Das habe ich auch im letzten Jahr gemacht. Doch diesmal folgte er nicht.« Das letzte Telegramm sandte sie ihm Ende 91.

»Dann hab' ich das irgendwie schleifenlassen. Wissen

Sie, uns kommen ja öfter Patienten abhanden. Durch die Wende sowieso, viele sind weggezogen. Jetzt kann man außerdem zu jedem Arzt gehen, zu dem man will. Ich habe W. lange in den Ohren gelegen, er soll sich einen Hausarzt suchen. Aber er wollte sich prinzipiell in der Charité behandeln lassen.« Auch sie glaubt, daß er sehr allein war. Sie erzählt, daß er, als er schon nicht mehr in sein Filmstudio ging, immer noch mit einem Diplomatenkoffer in ihrer Sprechstunde erschien. Der Koffer, sagt sie, war leer. »Er hatte Schwierigkeiten damit, nicht mehr zu arbeiten. Andererseits lehnte er Angebote von Kontaktsuchenden oft ziemlich schroff ab. Ein-, zweimal schrieb mir seine Schwester, die in Rostock lebt, einen Brief, in dem sie sich nach seinem Befinden erkundigte. Ich hab' ihm davon erzählt. Er hat nur gesagt: ›Die weiß ja, wo ich wohne.‹«

Die Frau, die die Tür der Neubauwohnung in Rostock-Ewershagen öffnet, sieht aus wie eine Frau, die weiß, was sie will. Monika W. war es, die ihren Bruder nach zehn Monaten fand. Nie hatte er auf ihre Briefe geantwortet, sie fuhr nach Berlin, klingelte, klapperte alle Krankenhäuser ab, fahndete in Pflegeheimen und bat schließlich die Polizei, die Wohnung ihres Bruders aufzubrechen. Zu einem Zeitpunkt, als sie zu wissen glaubte, was man dort finden würde. Doch eigentlich weiß man so etwas nie ganz genau. Menschen hoffen immer.

Monika W. spürt, daß jemand versagt hat. Sie erzählt nicht von der Familie, nicht von der Kindheit. Noch nicht, weil sie nicht weiß, ob es den Eltern recht wäre. Vielleicht später einmal. Ihre Bitterkeit fließt auf Nachbarn, Kollegen und Ärzte. Nie habe sie von Frau Dr. Wirth Antwort auf ihre Schreiben erhalten, nie habe sie die Briefe zurückbekommen, die die Nachbarin für ihren toten Bruder sortierte. Ihre ganze Ohnmacht packt sie in den Satz: »Vielleicht wußte mein Bruder zuviel.«

Alle haben versagt, W. selbst und auch die anderen. Seine Schwester muß nach Berlin fahren und die letzten Angelegenheiten für ihren Bruder erledigen.

Es wird eine der üblichen Grabreden geben.

Oktober 1992

Ein Galopper zieht keinen Kohlenwagen

Über Trainer Erich Schmidtke und seine halbblinde Stute, über Alfred Karategin und seine tote Frau, über den großen Henry Czablewski und sein Pech – über die Trabrennbahn Karlshorst

Zum Galopprennen kommen die Frauen mit den großen Hüten, sagt Schmidtke. »Und sowas wie Walter Scheel.« Die Männer tragen Melonen und haben eine Segelyacht zu liegen, sagt Schmidtke. »Nich zum Segeln, zum uff de Kacke hauen.«

Trabrennen dagegen ist für die normalen Leute, sagt Schmidtke. »Und Karlshorst ist für die janz normalen.«

Manchmal, wenn die Sonne scheint und das Preisgeld hoch ist, verkleidet sich die Trabrennbahn Karlshorst in ein Volksfest. Doch der Regen spült die bunten Kostüme weg. Wenn es naß ist und zieht, tollen in Karlshorst keine Kinder mit Schokoladenmündern durch die Sitzreihen. Wahrscheinlich tritt dann das ein, was der Geschäftsstellenleiter Uwe John den »rustikalen Charme« der Bahn nennt. »Karlshorst ist irgendwie direkter als andere Trabrennbahnen«, sagt John. »Und die Gäste sind es auch.«

An Regentagen findet man hier ältere Männer mit zu kleinen Hüten, Bundjacken und milchigen, unvorteilhaften Lesebrillen, man findet ganz alte Männer mit Stöcken und feuchten Mundwinkeln, jüngere in schwarzen Jeans, schwarzen T-Shirts, schwarzen Leinenjacketts und zurückgekämmten Haaren, die hier Jack Nickolson geben oder Robert De Niro; ein paar vorsichtige, schüchterne Russen in verschossenen, engen Westovern sind da und jede Menge andere Verlierer.

Sie trinken, rauchen, kritzeln Kreuze auf Tip-Scheine, sie murmeln Pferdenamen, sie fluchen, sie sitzen in der Falle. Die Wetthalle ist eine verdammte Falle. Links der »Schultheisstreff«, rechts das Casino, im Rücken der Tresen des »Zockertreff« und vor ihnen die lange, lockende Reihe der Wettschalter. Es gibt Bier, Wettscheine, und man kann rauchen. Alles da. Seit die Rennen mit Videokameras auf die Monitore über den Schaltern übertragen werden, gibt es überhaupt keinen Grund mehr, die Wetthalle zu verlassen. Mal abgesehen von dem beißenden Gestank, der aus dem Herrenklo in den Saal sickert.

Erich Schmidtke ist zweiundsechzig Jahre alt. Er hat 1945 in Karlshorst als Lehrling angefangen, 1950 wurde er Berufsfahrer, dann Trainer in privaten und später in volkseigenen Rennställen. Schmidtke war ein Erfolgstrainer. Seine Pferde gewannen weit über tausend Rennen. »Eins steht fest. Wenn ick damals in'n Westen gegangen wäre, würde ick heute an der Million drehn. Aber orjinal.«

Das mit der Million wird nichts mehr. Schmidtke kommt gerade so hin. Er hat sich einen älteren, gebrauchten Renault gekauft, der an der Tür ein bißchen verbeult ist, dafür aber mit elektronischer Stimme ansagt, wenn zum Beispiel der Keilriemen gerissen ist, er hat eine Neubauwohnung in Rennbahnnähe und seit kurzem sogar ein Rennpferd. Das ist leider auf einem Auge blind und auch sonst nicht unbedingt ein Siegertyp. Schmidtke hat es von einem hochverschuldeten Westberliner in Zahlung genommen, als der seine Boxenmiete nicht mehr bezahlen konnte.

Fritz Strabbert bockt ein bißchen. »Kannste vergessen hier. Ist doch kein Umsatz hier«, brabbelt der Alte. Er wette heute nicht mehr, wo man sowieso nur fünf Mark gewinnen könne. Wie vorhin, als er auf Sieg gewettet hatte und für seine Zweimarkfuffzig nur Fünf rauskriegte. Er wisse immer, welches Pferd gewinnt, sei ja auch kein Kunststück, schließlich gehe er seit sechzig Jahren regelmäßig auf die Rennbahn. »Jetzt gewinnt *Bodega*«, behauptet er und reibt seinen alten, fleckigen Zeigefinger auf der Nummer 8 des siebenten Rennens im »Berliner Traberkurier«. »*Bodega, Bodega.* Werden wir ja sehen.«

Strabbert ist zweiundachtzig, alter Kreuzberger vom Schlesischen Tor und nach eigenen Angaben nur äußerlich so rüstig. Erst vorige Woche sei er aus heiterem Himmel umgekippt. »Die Ärzte wissen aber nichts«, meckert er und nuckelt an seiner nullfünfer Holsten-Büchse. »Angeb-

lich ist mein Herz in Ordnung. Pah.« Fritz Strabbert hat eindeutig schlechte Laune. Überhaupt seien die Zeiten schlecht, was man auch an den Pferden sehe. Er schwärmt von einem Traber namens *Riedel*, der irgendwann in den Fünfzigern das Derby gewonnen habe. Andererseits erinnere er sich auch an die Dreißiger, als sich in Mariendorf jemand erhängt habe, ein Bankbeamter, der 28 000 Mark unterschlagen hatte, die er auf der Rennbahn zurückgewinnen wollte. »Merken Sie sich eins. Auf der Rennbahn ist noch keiner reich geworden«, beendet Strabbert mürrisch seinen altklugen Ausflug in die Wettgeschichte.

Als das Rennen zu Ende ist, kehrt der Besitzer der anderen Holsten-Büchse auf dem Tisch zurück. Ein gepflegter Weißhaariger mit schmalem Oberlippenbärtchen, der jederzeit die Werbung fürs Teppichland übernehmen könnte. »Und? Sag schon«, kommandiert Strabbert unterm Schirm seiner Helmut-Schmidt-Mütze hervor. »Tja, Fritz«, geniert sich der Tischnachbar. »*Zierstein*.« Strabbert sagt keinen Ton. Wahrscheinlich denkt er an Betrug.

Es ist kaum zu glauben, daß Erich Schmidtkes Stall nur achthundert Meter von den Bockwurstbuden, Bierpinten und Pinkelbecken der Zocker entfernt ist. Es ist eine andere Welt. Ein kleiner Bauernhof mit uralten Pflastersteinen, Schmiede, Heuschobern und Pferdeäpfeln mitten in der Stadt. »Ick wollte immer in die Landwirtschaft«, erklärt Schmidtke zufrieden.

In der äußersten Ecke seines Stalls hat er sich eine kleine Trainerbude eingerichtet, in der man problemlos einen DDR-Film drehen könnte, ohne Umbauten vorzunehmen. An den Wänden kleben die zurückhaltenden Aktposter des staatlichen Kunsthandels, auf den Tischen klebt Sprelacart und in Schmidtkes Mundwinkel eine gute alte »Duett«. Hier, unterm Ölporträt, das ein »orjinaler Pferdemaler« irgendwann einmal vom jungen, erfolgreichen Rennfahrer Schmidtke malte, läßt es sich gut von alten Zeiten träumen. Die neuen nämlich sind nicht so besonders. In seinen zwanzig Boxen stehen nur noch vierzehn Pferde. Gerade ist wieder eine Besitzerin zu einem Westtrainer durchgebrannt. »Die denkt wahrscheinlich, der kann ihrem Pferd fliegen beibringen.«

Fritz Daskiewicz hat nur noch ein Bein und eindeutig patenhafte Allüren. Rotgesichtig, regungslos hockt er wie ein dicker, kranker König im Rollstuhl, umgeben von ein paar unterwürfig lächelnden Begleitern. Vor ihm auf dem Tisch steht eine Flasche mit bernsteinfarbenem Inhalt, die er sukzessive leert, neben ihm ein blasser Mann in Lederjacke, dem Daskiewicz gelegentlich ein paar Geldscheine zum Setzen zusteckt. Welchem Prinzip er dabei folgt, bleibt unklar. Den Monitoren hat der Dicke demonstrativ den Rücken zugewandt, und auch sonst scheint ihn das Renngeschehen nur am Rande zu interessieren.

»Schreiben Sie«, diktiert der Pate. »Der Service läßt zu wünschen übrig. Wir sind aus Mariendorf ein anderes Niveau gewöhnt. Das war bestimmt mein letzter Ausflug hierher.« Mit einer federleichten, abfälligen Kopfbewegung durchmißt er die schäbige Halle. »Die Anzeigentafel da dürfte wohl noch Bismarck persönlich eingeweiht haben. Da haben sie ja in Kyritz an der Knatter modernere.« Seine Begleiter gackern artig. Daskiewicz trinkt etwas von der braunen Flüssigkeit und fährt sich anschließend schmatzend über die fleischigen Lippen. »Aber Ihr Tierpark hier im Osten ist gut. Na los Mann, schreiben Sie!« Seine Augen blicken so kalt und fischig, daß einem angst werden kann.

Wenn Schmidtke Zeit hat, was selten ist, zäumt er sein halbblindes Pferd, um es zu trainieren, wie er sagt. Eigentlich dreht er nur ein paar langsame Runden und schwatzt beim Fahren mit dem einen der Trainer über die alten Zeiten und die neuen. Manchmal schaut er sich nur auf der Bahn um, auf der er sein halbes Leben verbracht hat. Er fährt an den Ställen vorbei, wo es reinregnet, weil niemand was investiert, solange die Treuhand nicht verkauft. An der Kaserne der Sowjetarmee, die nun auch schon fast leer steht, was Schmidtke einerseits gut findet, was ihn andererseits aber auch ein wenig traurig macht. Schließlich hat er hier 45 gewissermaßen zusammen mit den Russen angefangen. Ende der Vierziger hätte er ihnen mal fast zwei Arbeitspferde geklaut, die zum Grasen rüber auf die Trabrennbahn kamen. »Dit hätten die gar nicht gemerkt. Ick hatte sogar schon einen Schlächter organisiert. Aber dann habe ick doch Angst gekriegt. Zwecks Sibirien.«

Er fährt an dem Haus vom früheren Rennbahndirektor Thierbach vorbei, »den sie da nicht rauskriegen, weil er dit irgendwie janz clever gemanagt hat«. Er denkt an die »orginalen Tiefflieger«, die sie ihnen ab Ende der Siebziger, »als allet anfing, bergab zu gehen«, vor die Nase setzten. »Funktionäre, die uns erzählen wollten, wie man Pferde trainiert.« Er trabt an dem Wiesenstück vorbei, von dem er vor kurzem auf einer Karlshorster Bürgerversammlung gehört hat, daß es ein Biotop ist. »Da gibt es praktisch Vögel, die es in Berlin gar nicht mehr gibt. Wenn Se verstehen, wat ick meine.« Und manchmal entdeckt er ein paar Rehe auf der Bahn, die von der Wuhlheide rüberkommen. Aber auch ohne Rehe ist Karlshorst für Schmidtke die konkurrenzlos schönste Trabrennbahn in Berlin. »In Mariendorf haben die doch allet zubetoniert. Dit kannste vergessen.«

»Ha' ick jewußt. *Fakir*, *Fabias*. *F. F.* Ha' ick jewußt.« Henry Czablewski rennt so ärgerlich durch die Wetthalle, daß sein bauschig gefönter Mittelscheitel heftig zu wippen beginnt. »Und wieso nehm ick se nicht?« fragt er sich schreiend. »Weil ick doof bin!« Doch nach dem Rennen ist auch für Henry Czablewski immer vor dem nächsten.

So jubelt er wenige Minuten später der Halle, die eben noch glaubte, er sei doof, zu: *Lotterbube* macht's! »Und ick hab' *Lotterbube* gesetzt!«

Henry hat gewisse Vorstellungen davon, wie ein professioneller Zocker auszusehen hat, und glaubt, diesen Vorstellungen ziemlich nahe zu kommen. Sein wild gemustertes Hemd steht drei Knöpfe weit offen, die Hosen tragen Bügelfalten, die Ärmel des blauen Jacketts sind lässig nach oben gekrempelt, die Schuhe glänzen. Henry Czablewski läuft mit weit ausladenden Schritten, wirft die Arme dabei lässig durch die Luft und hält sich auch sonst für ziemlich clever. Henry ist immer der letzte am Schalter. Wenn die schnarrende Lautsprecherstimme verstummt, wenn die Sirene sagt: Nichts geht mehr, gibt Henry seinen Tip ab. »Ick bin doch nicht blöd«, erklärt er. »Ick beobachte janz jenau, wie sich die Quoten noch in allerletzter Sekunde verändern. Dann geben nämlich die Stallburschen ihre Wetten ab. Die machen mir doch nischt vor.« Henry, allein gegen die Zocker-Mafia. Wieviel er setzt, will er nicht sagen. »Ick verrate doch nicht meine Einsätze.« So nervös wie er ist, muß es um eine ganze Menge gehen. Gemeinsam mit den anderen stürzt er nach draußen, um sich den Einlauf anzusehen. Seine blauen Rockschöße wehen im Rhythmus seiner Riesenschritte.

Die kleine Frau, die er am Tisch zurückläßt, ist seine Mutter. Rita Czablewski. »Wir gehen hier seit Jahrzehnten her. Mein Mann, Henry und ich. Dit ist ein Hobby, will ick mal sagen. Andere fahren in'n Garten, wir kommen hierher. Dit ist gemütlich, man trifft alte Bekannte und sowat. Und spannend ist es natürlich auch. Natürlich wirste nicht reich bei. Wenn du mal was gewinnst, kriegste gerade mal raus, was du vorher, all die Jahre verloren hast.«

Rita Czablewski hat schon mehrere Unterschriftenlisten gegen die Schließung der Karlshorster Rennbahn unterschrieben. »Dit wär schlimm für uns«, seufzt die Achtundfünfzigjährige. »Alleine wegen dit Fahrgeld bis raus nach Mariendorf. Wer soll denn dit bezahlen.« Sie ist im Vorruhestand, Henry ist arbeitslos. »Leider, muß man sagen.« Einen Moment lang sah es nicht schlecht aus für Henrys *Lotterbuben*, doch auf der Zielgeraden wird er noch abgefangen. Als Henry wieder reinkommt, wehen seine Rockschöße nicht mehr, sie baumeln. Henry Czablewski, der Henry Czablewski, dem niemand was vormacht, hat die Schnauze voll. Müde wirft er seinen wertlosen, wieder mal falsch ausgefüllen Tipzettel auf den Tisch. Der Einsatz des großen Henry betrug Zweimarkfuffzig. Weniger darf man nicht setzen. Später trägt er ein Tablett mit leeren Gläsern durchs Casino.

Erich Schmidtke ist heute zweimal mitgefahren. Mit *Jugendpreis* wurde er Dritter und mit *Olle Courtly*, einem vierjährigen Hengst von Wulf Olm, überraschenderweise sogar Zweiter. Nicht schlecht. »Ick bin natürlich kein Champion mehr«, sagt Schmidtke. Aber, wo die Sonne uffgeht, dit weeß ick schon noch.« Schmidtke sitzt auf der

Bank vor seinem Stall und reißt das zweite Päckchen »Duett« auf.

Das zehnte Rennen läuft, das letzte. Es verschafft den Wettern ein wenig Ruhe. Die Anspannung verschwindet. Keine schnarrenden Kommandos aus schlechten Lautsprechern: ... Noch zehn Minuten bis zum nächsten Rennen ... noch fünf ... noch zwei ..., nichts geht mehr. Vorbei. Bis morgen für den Fotosetzer aus Westberlin, der nie mehr als achthundert Mark einsteckt, wenn er auf die Rennbahn geht. Ein zuckendes Nervenbündel in einem karierten Jackett, das mit flatternden Händen Wettscheine ausfüllt, zerknüllt, ausfüllt ..., bis ihn die Sirene erlöst. Er spielt mindestens fünfzig Mark pro Rennen. Er verliert sie auch im zehnten, schüttelt den Kopf, stürzt ein Bier runter und geht. Morgen ist er in Mariendorf.

Je später der Abend wird, desto mehr verschmelzen die Spieler mit ihrer Umwelt. Die Klamotten sind irgendwann so zerknüllt wie die Wettscheine, die den Boden bedecken. Ihre Gesichter sehen nicht besser aus. Alfred Karategins Teint hat inzwischen den Farbton seines gelben Jacketts erreicht. Doch Alfred hat dreihundert Mark für fünfzig auf *Zierstein* gewonnen. Das hilft ihm ein bißchen über die Langeweile bis zum nächsten Dienstag, wenn wieder Renntag ist in Karlshorst. Zu Hause ist nämlich auch nicht mehr soviel los, sagt Alfred. Seit seine Frau gestorben ist, vorige Woche. Wir stehen vor der leeren Tribüne im Regen, und bevor ich noch etwas Beileidartiges rauskriege, dackelt Alfred ab. »Ick werde jetzt erst mal 'ne Molle zischen gehen.« Alfred ist vierundachtzig, Rentner aus Treptow.

Vielleicht kommt der Unterschied zwischen dem vornehmen Galopper- und dem urwüchsigen Traberpublikum auch von den Pferden her, sagt Schmidtke. »Een Galopper würde doch nie einen Kohlenwagen ziehen. Ein Traber kann dit.« Vielleicht überträgt sich das irgendwie aufs Publikum, sagt Schmidtke. Rein gefühlsmäßig.

Juni 1993

War Harry schon da?

Privatdetektiv Manfred Pannenberg hatte schlechte Zeiten und sehr schlechte

Es war Mitte Januar, und es war sehr früh. Zu früh, um genau zu sein. Pannenberg schob Daumen und Zeigefinger in die Lamellen der Jalousie und beobachtete den Minutenzeiger der Lucky-Strike-Uhr auf der anderen Straßenseite beim Sprung.

Acht Uhr. Er hatte eine halbe Stunde geschlafen, trug seit achtundvierzig Stunden das gleiche Hemd und hatte auch den Rest seiner Garderobe nicht gewechselt. Das Zeug, das er in letzter Zeit zu sich genommen hatte, schien weder gut für seinen Magen noch für seinen Kopf gewesen zu sein. Pannenberg dachte kurz an ein Leben nach dem Tod und blieb noch einen Augenblick am Fenster stehen. Das Zimmer in seinem Rücken würde er später lange genug beobachten können. Er wußte jetzt, wo er sich befand. Dort, wo er den größten Teil der letzten dreieinhalb Jahre verbracht hatte. In seinem Büro. »Agentur Diskret, Detektei. Observationen und Recherchen«.

In Pannenbergs Kopf steckte immer noch jede Menge Watte, aber mitunter tauchten ein paar unscharfe Bilder der letzten Nacht auf. Sie wurden deutlicher und schoben sich unter Schmerzen zusammen. Er hatte wie immer lange im Büro gesessen und auf Kunden gewartet. Und wie so oft war niemand in der siebenten Etage des Neubaublocks vorbeigeschlendert, der zufällig einen Detektiv brauchte. Abends waren ein paar ehemalige Kollegen von der Kriminalpolizei aufgetaucht, die ihm ab und zu bei einer Ermittlung halfen. Sie hatten ein paar Flaschen mitgebracht. Irgendwann war es halb zwei gewesen, die Kollegen weg und die Flaschen leer. Pannenberg war gerade dabei vornüberzufallen, als das Telefon klingelte. Kracht.*

* Name geändert

Pannenberg hatte in den letzten vier Jahren jede Menge Verlierer kennengelernt, aber Kracht war der allergrößte. Er war in der DDR Direktor eines wichtigen Betriebes gewesen, hatte genug Beziehungen und Geld über die Zeiten gerettet, um sich danach selbständig zu machen. Alles lief, bis er sich in die falsche Frau verliebte. Eine Psychologin, die Geld brauchte, um eine Praxis aufzumachen. Kracht hatte Geld, sie liebten sich leidenschaftlich, und kurz nachdem die Frau ihre eigene Praxis eröffnet hatte, warf sie Kracht aus dem Bett. Damit begannen seine Probleme. Er soff gegen den Liebesschmerz an, verlor die Firma, seine Fahrerlaubnis und beauftragte Pannenbergs Detektei, herauszufinden, was und mit wem es seine Geliebte treibt. 18 000 Mark investierte er über die Jahre in die Detektei. Soweit die gute Nachricht. Die schlechte war, daß das die Hälfte des gesamten Umsatzes der Agentur ausmachte.

In dieser Nacht hatte Kracht wieder mal volltrunken und verzweifelt vor dem Haus seiner Verflossenen am Hohenzollerndamm gestanden. Pannenberg war nicht viel nüchterner. Er nahm sich ein Taxi, holte den Mann ab, brachte ihn nach Hause, trank dort noch ein paar Bier und ein paar Schnäpse mit. Bis Kracht umfiel. Das Geld für eine weitere Taxifahrt hatte Pannenberg nicht. Er lief zu seiner Wohnung, führte seinen Hund aus, ging ins Büro, fiel für eine halbe Stunde vor Erschöpfung um und wußte jetzt, warum er sich so schlecht fühlte.

Der Tag draußen über der Holzmarktstraße überlegte einen Augenblick, ob er aufstehen sollte oder nicht. Er blieb liegen. Erstaunlicherweise wartete vor der Autowaschanlage nicht die kleinste Schlange. Es war ein Tag, an dem es selbst dem deutschen Autobesitzer egal ist, ob sein Wagen eine Wäsche braucht oder nicht. Pannenberg schaute in das warme Licht, das aus den Fenstern der ehemaligen Zigarettenfabrik schimmerte, wie das Mädchen mit den Schwefelhölzern auf den Christbaum. Er ließ die Jalousie zuschnippen und räumte die Gläser und die Flaschen vom Tisch. Es würde ein Tag werden, an dem er viel an früher denken würde.

Pannenbergs Leben hatte nicht so besonders hoffnungs-

voll angefangen, und es sah nicht unbedingt danach aus, als sei in den nächsten Tagen mit glücklichen Wendungen zu rechnen. Pannenberg war jetzt sechsundfünfzig Jahre alt. Die meiste Zeit hatte er in Berlin-Mitte zugebracht.

Seine Schule am Koppenplatz wurde im November 43 ausgebombt, seine zweite Klasse dauerte drei Monate, die dritte zwei. Er wuchs in der Ackerstraße auf, wo er bald der einzige Junge ohne Vorstrafe war. Vielleicht wurde er deshalb Polizist. Er begann seinen Dienst auf der Gormannwache, die früher sowas war wie die Hamburger Davidswache. Er kannte alle Nutten im Kiez, er trank mit ihnen im »Hamburg ahoi« und der »Derby Diele« und drückte ein Auge zu, wenn sie sich für einen Freier hinten auf dem Hof über die Mülltonne beugten. Die Nutten wurden immer älter und verschwanden schließlich ganz. Er wechselte aufs Revier in die Münzstraße, studierte Kriminalistik, landete schließlich bei der Kriminalpolizei in der Keibelstraße und quittierte 1980 nach fünfundzwanzig Jahren den Dienst. Pannenberg organisierte dann auf Honorarbasis Veranstaltungen für die »Gesellschaft für Deutsch-Sowjetische Freundschaft«, verfaßte Artikel für eine Zeitschrift namens *Presse der Sowjetunion* und dachte daran, einen Kriminalroman zu schreiben. 1990 gründete er die »Agentur Diskret«. Sein erster Auftraggeber war ein Hertha-Fan, der einen anderen Hertha-Fan suchte.

Er hatte schlechte Zeiten gehabt und sehr schlechte. Er war dick geworden. Er wog weit über zwei Zentner. Die Knopfleiste des gestreiften Hemdes surfte in mächtigen Wellen über seinen Bauch, und wenn die Krawatte verrutschte, sah man in den Wellentälern ein graues Unterhemd. Doch er war immer noch erstaunlich schnell, überraschend witzig, und an einem guten Tag bekam er auch mal die Einladung ins Bett einer Klientin. In der Regel nahm er nicht an. Die Frau, die er liebte, lebte ein paar Straßen entfernt. Sie kannten sich seit dreißig Jahren.

Der Zeiger der Lucky-Strike-Uhr war fast zwei Stunden weitergekrochen, Pannenberg hatte abgewaschen, gelüftet und sich größere Mengen eines Duftstoffes in den Bart geschüttet, so daß es in dem Neubauzimmer, das sein

Büro war, roch wie nach dem Unfall eines Bierfahrzeuges mit einem Kölnisch-Wasser-Tanker. Pannenberg saß in der hintersten Ecke seines Zimmers, wo er meistens saß.

Von hier aus hatte man einen exzellenten Blick auf die Rücken der Monografien zur Weltliteratur, Strittmatters Wundertäter I, II und III und auf den Spruch, der über der verglasten Tür hing: »Was nutzet uns die Traurigkeit – Viel Lachen tut uns not – Wir leben nur so kurze Zeit – Und sind so lange tot.« Pannenberg überlegte eben, ob er noch einen weiteren Löffel Kaffeepulver in seine Tasse schütten sollte, als es klingelte.

Die Frau war Ende Fünfzig, hatte ein außerordentlich blasses Gesicht, seltsam leere Augen und eine weiße Pelzmütze auf dem Kopf, die sie unter keinen Umständen absetzen wollte. Sie nahm Platz. Frau Bern* war seit zwei Jahren Klientin von Pannenberg. Sie hatte immer diese Geräusche gehört. Zum Anfang war es nur ein Klopfen an der Heizung gewesen, ein Poltern »als würde jemand Möbel umstoßen« und die »Hammerschläge auf den Küchenfußboden«. Sie war in den letzten Jahren wegen der Belästigungen dreimal umgezogen. Es nutzte nichts, die Geräusche zogen mit. Pannenberg hatte mit seiner gesamten Abhörtechnik eine Nacht in der Ein-Zimmer-Wohnung der Frau zugebracht. Er hatte natürlich nichts gehört. Das beruhigte sie eigenartigerweise. Bis am 21. Dezember dann das Rauschen anfing.

»Es ist so ein Meeresrauschen, das weg ist, wenn ich die Tür öffne. Der ist sehr schnell der Mann.«

»Der Mann?« fragte Pannenberg.

»Ja, es ist der Mann über mir. Ich habe ihn bereits zur Rede gestellt, aber er streitet alles ab. Aalglatt, sage ich Ihnen. Er handelt im Auftrag der ehemaligen Ehefrau meines verstorbenen Mannes.«

»Aber wir können doch nichts beweisen«, versuchte Pannenberg.

»Deswegen bin ich ja hier. Sie müssen donnerstags kommen. Donnerstags ist es am schlimmsten. Und bringen Sie Ihre Technik mit.«

Pannenberg lächelte schief. Er konnte nicht nein sagen. Schon gar nicht zu alten Frauen. Es waren aber vor allem

* Name geändert

die alten Frauen, die er geradezu magisch anzog. Frauen, die ihn in ihre Wohnung beorderten, wenn sie ins Café gingen, weil sie sicher waren, daß genau in diesem Moment jemand einbrach. Jemand, der nie Geld mitnahm. Sondern die Tür nur einmal abschloß, obwohl die alten Damen den Schlüssel »hundertprozentig« zweimal umgedreht hatten, jemand, der Kaffee verschüttet oder ihnen Sand in die Waschmaschine gestreut hatte.

Pannenberg wußte, daß diese Aufträge ungefähr soviel einbrachten wie eine Detektei im siebenten Stock eines Neubaublocks mit Hauseingang nach hinten. Er machte sie trotzdem. Er nahm vierzig Mark die Stunde. Das niedrigste Honorar der Stadt. Und manchmal machte er Sonderpreise.

Er hatte anderthalb Stunden mit der Frau geplaudert. Sie hatte ihre Mütze nicht abgenommen und er keinen Pfennig Geld verdient.

Es waren keine guten Jobs, aber es gab schlimmere. Pannenberg hatte bei einer Observation auch schon mal stundenlang in Prenzlauer Berger Schwulenkneipen rumgesessen. Er hatte gewirkt wie ein Kranfahrer auf Weizsäckers Neujahrsempfang. Und da er nicht einen einzigen Song der Gruppe »Steppenwolf« kannte, war es auch keine gute Idee gewesen, in der Kreuzberger Rockerkneipe viele Fragen zu stellen. Er hatte nach dem abgetauchten Sohn einer besorgten Düsseldorferin gesucht und fast ein Messer in den Bauch gekriegt. Die Wirtin hatte ihn im letzten Moment aus dem Hintereingang geschleust.

Es gibt Jobs, die sollten sechsundfünfzigjährige Detektive mit Übergewicht lieber nicht annehmen. Nur leider können sich sechsundfünfzigjährige Detektive mit Übergewicht ihre Jobs oft nicht aussuchen. Wenn sie noch Herz haben, ist es besonders fatal.

Der Tag hatte sich entschieden, kurz aufzustehen und Pannenbergs Büro lächerlich zu machen. Fünf Minuten lang stöberte ein Sonnenspot jedes Staubkorn in seinem Arbeitszimmer auf. Er fuhr die billige Stereoanlage ab, das Feuerzeug in Pistolenform, den Ornamentaschenbecher und die teppichartige Tischdecke und krachte einen brutalen Augenblick lang in das gutmütige Gesicht des Detektivs. Dann schoben sich die Wolken wieder gnädig zusammen. Pannenberg wartete. Irgendwann schlief er ein.

Die ehemaligen Kollegen mußten lange an seiner Tür klingeln. Sie hatten einen Ehebrecher ins »Hilton« am Gendarmenmarkt verfolgt und suchten nun nach einem unbekannten Gesicht, das nachsehen konnte, ob er mit seiner Geliebten in einem der Restaurants saß oder ein Zimmer genommen hatte. Ein Opel Kadett wartete vor Pannenbergs Haus. Sein Lada war in der Werkstatt und würde wahrscheinlich nie zurückkommen. Er war 1978 gebaut und ständig abgehängt worden.

Pannenberg streifte in seinem dunkelblauen Trenchcoat und mit roten Augen durchs elegante Foyer. Er fiel nicht mehr auf als eine Straßenkatze im Rolex-Laden. Aber auch nicht weniger. Im Restaurant »Beletage« platzte er in eine Senioren-Veranstaltung, und beim Diskotheken-Personal erntete er mit seiner Standardfrage: »War Harry schon da?« ungläubige Blicke. Zumal die Disko erst vier Stunden später beginnen sollte. Er fragte hier und da nach Harry. Einem großen, sportlichen Typ. Doch weder Harry noch der gesuchte Ehebrecher waren im »Hilton«. Nach einer Stunde kam ein Kollege und flüsterte ihm ins Ohr: »Der Typ ist mit der Schnecke unterwegs nach Potsdam.«

Der Opel, mit dem Pannenberg gekommen war, hatte die Verfolgung aufgenommen. Beim Griff an die Hosentasche merkte er, daß er sein Portemonnaie vergessen hatte. Er wußte nicht, wie er hier wegkommen sollte. Er dachte an den reichen Arsch, der mit seiner Geliebten ins Wochenende düste, während seine Gattin von ihrer Grunewaldvilla aus Detektive in seine Spur beorderte.

Er beschloß, nicht mehr ins Büro zu gehen. Sondern nach Hause zu der Frau, die er liebte. Vielleicht würden sie morgen zusammen frühstücken.

Doch das war eine andere Geschichte.

Januar 1994

In Seelow schweigen nicht nur die Lämmer

Heinz Rachut gab die letzte Vorstellung im Oderbruch

»Wir wollen die kulturelle Vielfalt im Land Brandenburg festigen und weiterentwickeln.«

Manfred Stolpe, Redner

Das Land liegt flach wie ein HO-Gaststätten-Steak. Der Zufall hat ein paar Häuser und Höfe verstreut. Der Zufall hat die Leute ausgeteilt. Heimgekommene, Sitzengebliebene, Vertriebene, Zwangsversetzte und Absolventengelenkte bevölkern das Gebiet an der polnischen Grenze. Nur die Alleen aus Obstbäumen, die sich durchs Land ziehen, wirken nicht zufällig. Und auch der blaugrüne Damm am Horizont nicht, der die Oder am Überschwappen hindert. Sie geben dem Land die Ruhe.

Mitten im Oderbruch liegt der Kreis Seelow. Zicken-Seelow nennen es die Leute. Weil die Ziege die Kuh des kleinen Mannes ist. Kaum jemand kennt hier die junge FBI-Agentin Clarice Starling. Und auch den sympathischen Menschenfresser Dr. Hannibal Lecter haben die meisten vergessen. Wenn sie ihn jemals gekannt haben.

Am 21. August 1991 hat sich das Kino aus dem Brandenburger Kreis Seelow zurückgezogen. Heinz Rachut war dabei, zwei weitere Verantwortliche und siebzehn Zuschauer. Es gab eine kleine, traurige Rede, der die siebzehn Gäste mehr oder weniger gelangweilt zuhörten, denn sie waren wegen des Films gekommen. »Das Schweigen der Lämmer« wurde gezeigt. »Was denken Sie, warum er das tut, Agent Starling?« fragte Hannibal ein letztes Mal. »Das geilt ihn auf«, erwiderte Clarice ein letztes Mal.

Die letzten kalten Schauer liefen durch die Kinoreihen im Seelower Landkreis. Die letzte Zigarette danach und ein letztes Blinzeln ins Tageslicht, das wieder einmal so überraschend kam.

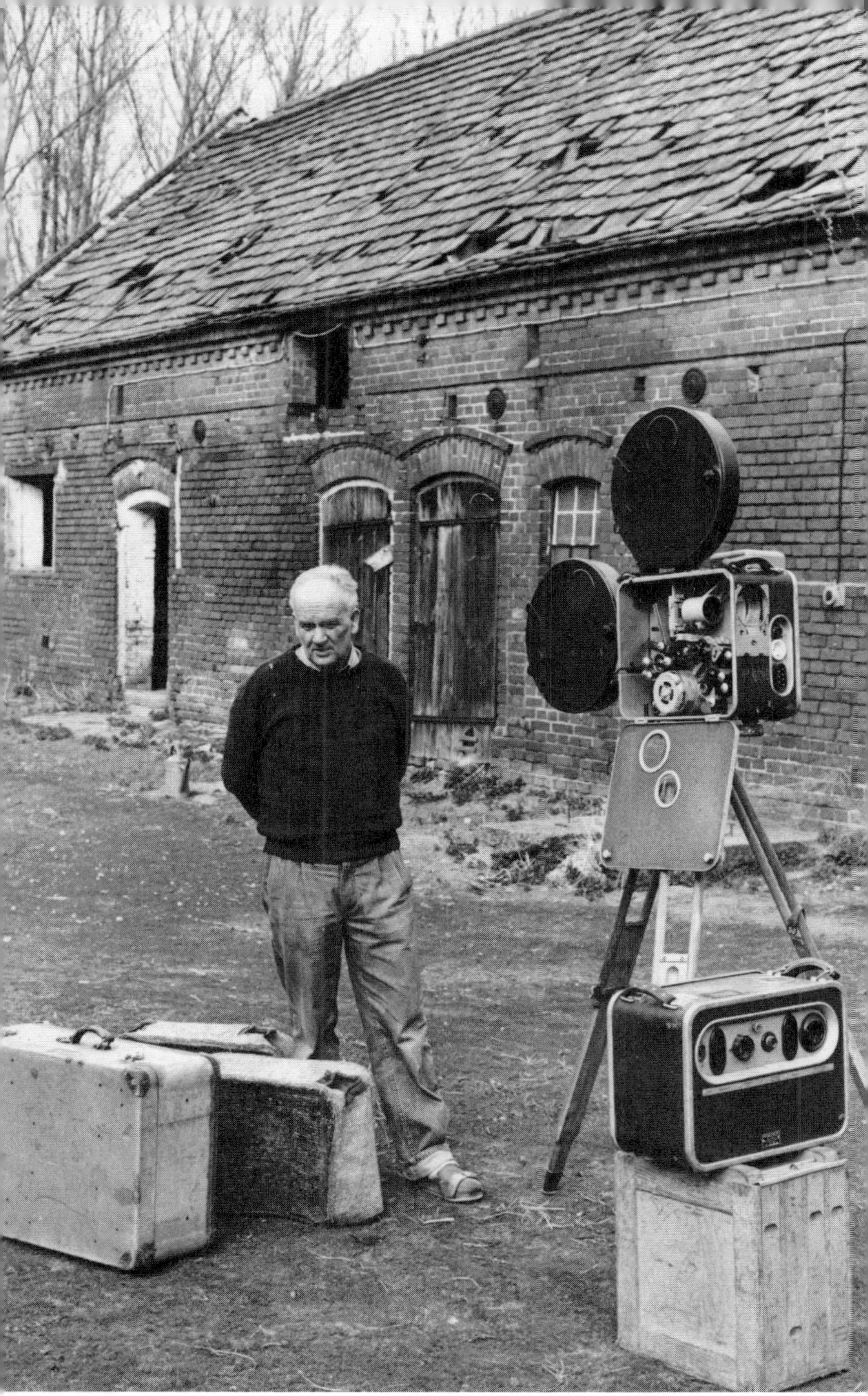

Heinz Rachut hat die Abschiedsbilder in der Schublade. Eine Handvoll überbelichteter Farbfotos, die den sechzigjährigen pensionierten Filmvorführer Rachut und die anderen Verantwortlichen in steifer Haltung vorm Letschiner »Theater des Friedens« zeigen. Daneben hängt Clarice Starling mit dem Todesfalter auf den Lippen.

Heinz Rachut hatte drei Tage zuvor auch den Landfilm beerdigt. Mehr als drei Jahrzehnte war er mit seiner transportablen Filmmaschine über märkische Dörfer gefahren, hatte das Kino in die Dorfkneipe gebracht, ins Ferienlager, auf den Zeltplatz, in die Schule und den Klubraum der Genossenschaftsbauern. Am 18. August vorigen Jahres hat er seine Ausrüstung im Saal der Dorfgaststätte Ortwig zum letzten Mal aufgebaut. Seitdem steht die Apparatur in seinem Schuppen. Auch in Ortwig gab's zum Abschluß »Das Schweigen der Lämmer«. Heinz Rachut hat gelesen, daß der Film gerade mit Oscars überschüttet wurde. Warum, weiß der alte Mann nicht. Denn so richtig gefallen hat ihm Jonathan Demmes Psychothriller nicht. Das mag an den Umständen gelegen haben. Oder an seinem Geschmack.

Rachut hat immer gern Filme mit Heinz Rühmann gesehen. »Wir hatten da auch welche im Programm«, erinnert sich der Filmvorführer und grübelt nach einem Titel. »›Der Hauptmann von Köpenick‹. Ja, das war damals der Renner.« Rachut spricht gern über die fünfziger und sechziger Jahre. Als die Kinder ihn mit »der Kinofritze iss da« begrüßten, hat das schon Spaß gemacht. Noch besser war wohl, daß der Mann, der den Film brachte, für die Frauen und Mädchen im Dorf was Exotisches hatte. Und daß die Säle voll waren, erst recht. »Einmal, ich hatte ›Die Söhne der Großen Bärin‹ mit, komm' ich ins Dorf, da steht eine halbe Stunde vor Beginn eine Riesenschlange vorm Gasthof. Ich hab' gedacht, ich träume«. Die Indianerfilme von der DEFA liefen gut, sagt Rachut. Anderes weniger.

Jenes zum Beispiel, was Rachut »Politisches« nennt. Sozialistische Seifenopern, mit denen der Progress-Filmverleih die Bezirksfilmdirektion in Fürstenwalde vollstopfte, welche die Kreisfilmstelle Seelow traktierte, die wiederum die Landfilmbespieler nervte, die sich dafür von der Landjugend beschimpfen lassen mußten. Rachut erinnert sich nur ungern an die »Politischen«. In der Regel wurde er nämlich zuvor beauftragt, »Werbung« zu machen, damit die kulturpolitischen Statistiker am Ende zufrieden waren. »Ich bin dann zum LPG-Vorsitzenden gegangen und habe ihm gesagt: Also in den Thälmann-Film mußt du soviel Leute wie möglich schicken. Das ist ein Auftrag von oben.« Nur so ist der rege Kino-Besuch auf dem Lande zu erklären, den das Statistische Jahrbuch der DDR stolz vermeldete. Glaubt man dem Nachschlagewerk, haben 1989 im damaligen Bezirk Frankfurt/Oder 523 027 Besucher in »Spielstellen mit nicht festinstallierter Wiedergabetechnik« Platz genommen. Das widerspräche jeglichen Erfahrungen, die Rachut und Kollegen sammelten.

»In den achtziger Jahren war praktisch überhaupt nichts mehr los«, meint Rachut. Er hat dem Fotografen zuliebe noch einmal seine Ausrüstung aus dem Schuppen geschleppt und im Hühnerhof aufgebaut. »Ich hab' sie aufgehoben, weil ich dachte, vielleicht geht's ja noch mal los«, schnieft er, während er den bleischweren Projektor aufs Stativ wuchtet. Als dann alles steht, blinzelt der Rentner stolz in die Nachmittagssonne. Es kann losgehen. Das Objektiv ist auf den Putz des alten Bauernhauses gerichtet. Er ist schadhaft.

Als das Kino starb, zog sich Jens Iser in eine Scheinwelt zurück. Draußen hat er eine Frau und fünf Kinder. Draußen hat er eine radikale Glatze und die milchigen Brillengläser des Weitsichtigen. Drinnen steht er Sheriff Kane um zwölf Uhr mittags zur Seite, flieht mit Steve McQueen aus der Strafkolonie, befreit Jack Nicholson aus dem Kukkucksnest, spürt Sophia Lorens umfängliche Brust an der seinen, er gewinnt mit Jane Fonda den Dauertanzwettbewerb, erobert Bo Derek und stürzt gemeinsam mit Robert Redford und Dustin Hoffmann Präsident Nixon. Jens Iser ist knapp vierzig, sieht älter aus und war bis vor einem Jahr der Filmvorführer des einzigen Kinos der Kreisstadt Seelow. Eigentlich war es kein richtiges Kino, sondern nur der große Saal des Seelower Kulturhauses, der ein Filmvorführgerät besitzt. Eigentlich hat Jens Iser auch nur Müller gelernt. Aber das macht nichts.

1978 eroberte sich Iser den Stuhl des Filmvorführers im

Kreiskulturhaus Seelow. Seitdem begann er an seinem Reich zu basteln. Er schnitt Fotos und Zeitungsartikel seiner Stars aus, klebte sie in Hefter, die zu Büchern wurden, sammelte Filmplakate, die mittlerweile einen riesigen Glasschrank füllen, ordentlich numeriert. Die Plakate, die ihm am schönsten schienen, pinnte er an die Wand. Christopher Lambert hängt da als Sizilianer, Liza Minnelli als Lucky Lady, Robert Redford als elektrischer Reiter und Adriano Celentano als gezähmter Widerspenstiger. Und zwischen Catherine Deneuve, Gina Lollobrigida und den anderen turnt jeden Nachmittag der kleine, glatzköpfige Mann im Arbeitsanzug, schneidet aus, klebt auf, legt ab und wischt den Staub von seinem Lieblingsstück. »Meo 5 XB!« präsentiert Jens Iser. »Das Modernste, was es gab. Von den Tschechen«. Es ist eine gewaltige Kinomaschine, die sich das Kulturhaus noch 1989 für 175 000 Mark anschaffte. Seit über einem Jahr ist auf ihr kein Film mehr gelaufen. Genausolange ist Jens Iser Heizer.

»Es hat sich einfach nicht mehr gerechnet«, erklärt die Kulturhausleiterin Peggy Braun. »Die Verleihe verlangen Garantiesummen, die wir nicht bezahlen können. Bei zwanzig Zuschauern im Schnitt. Meistens waren es nicht mal so viele.« Peggy Braun ist eine gemütliche, nette Frau, und so fällt auch das Programm ihres Hauses aus. Im »Monatsplan April 92« erscheint siebenmal die Position Diskothek, zweimal Ostertanz, einmal »Cocktail zu Zweit/Mode- und Erotikshow« und einmal »Visitenkarten-Party (Messecharakter)«. Am 14. April schließlich gibt es den Filmtag. Kevin Costner ist Robin Hood. Doch er ist es nur auf dem Video. Wegen der Kosten. Peggy Braun hat nicht viel mit Kino am Hut. Zu Iser fällt ihr nur ein: »Den müßten wir mal zum Großen Preis schicken. Das ist ja Wahnsinn, was der alles weiß.«

Iser versteht die Seelower nicht. Zu »Hanussen« kam keiner. Den Oscar-gekrönten »Pelle, der Eroberer« hat er sich ganz allein angeschaut. Er hat Werbe-Reiter beklebt und an der Kaufhalle aufgestellt. Es half nichts. Sie kamen nicht. Nicht zum »Letzten Kaiser«, nicht zur »Spur der Steine« und nicht einmal zur »Jagd nach dem grünen Diamanten«.

Jens Iser besitzt kein Futter für seine Maschine mehr.

Nur ein zwei Minuten langes Stück aus dem Kriegsepos »Die Befreiung« hat er übrigbehalten. Er legt es noch einmal ein. Zwei Minuten lang brennt und explodiert die Leinwand. Es ist eine Kampfszene, gesprochen wird kein Wort. Doch während Granaten pfeifen und Flugzeuge dröhnen, dreht sich die Spule, und Leben kommt in Jens Iser. Für zwei Minuten ist er noch einmal Filmvorführer.

Das Kulturhaus Seelow ist ein gräßlicher stalinistischer Prunkbau mit kahlen Säulen, hohen Räumen, groben Kronleuchtern, stumpfem Parkett, vergilbten Gardinen und schläfrigem Personal. Aber oben im Haus gibt es zwei kleine Räume, die sind anders. Es ist das Filmschloß von Jens Iser.

Das Kulturamt von Seelow wirkt wie eine übriggebliebene FDJ-Bezirksleitung. Ein bulliger Typ, den sie Jan nennen, führt lautstarke Telefongespräche, in denen es um Veranstaltungen, Maßnahmen und Vorlagen geht, die durchzustellen sind. Er redet wie ein FDJ-Funktionär und sieht so aus. Zwei Sekretärinnen tun beschäftigt und kichern dümmlich, wenn Jan einen seiner Witze reißt.

Ingrid Panse ist die oberste Kulturbeamtin von Seelow. Sie macht das schon länger, nennt sich heute Sachgebietsleiterin Kulturförderung, sie favorisiert »die kleine Form«, benutzt gern mit gespielter Selbstverständlichkeit die Namen von Künstlern, die kein Schwein kennt, und rühmt sich, in ihrem Kreis schon bald einen »Kunstspeicher« vorzeigen zu können, einen ehemaligen Getreidespeicher, der mit kommunalen Mitteln ausgebaut wurde, um dort Theater, Konzerte und Lesungen abzuhalten. Die kleine Form gewissermaßen. In einem Kreis, der seinen Kindern augenblicklich nicht einmal »Hook« zeigen kann. Sehr schön.

»Ach wissen Sie, Kino als Kunstform hat in den vergangenen Jahren hier nie stattgefunden und wird auch in den kommenden Jahren nicht stattfinden«, bemerkt die Kulturamtsleiterin. »Die Leute hier gucken eben lieber Video«, sagt Ingrid Panse und lächelt vielsagend. Die Dorfdeppen wissen es eben nicht besser.

In der Studie zur Kultursituation Ost, die Thomas Strittmatter für die Brandenburgische Landesregierung anfertigt, ist der Kreis Seelow eine Position unter vielen. Strittmatter arbeitet beim Zentrum für Kulturforschung Bonn und hat unter der Rubrik »Kreisstädte ohne Kinos« festgehalten: »Kyritz, Nauen, Perleberg, Zossen, Calau, Seelow, Eisenhüttenstadt-Land, Gransee, Pritzwalk und Senftenberg«. Von den ehemals hundertvierzehn Brandenburger Kinos hat die Hälfte geschlossen, faßt die Studie zusammen. Demnächst wird die Zahl auf einem Potsdamer Schreibtisch liegen. Uff, wird der Sachbearbeiter machen. Das gibt's doch nicht. So viele.

Es hat keinen Zweck, dagegen anzukämpfen. Die Verleihe haben die Filme und diktieren die Bedingungen. Und wenn es sich lohnt, wird irgendwann in der Nähe von Seelow ein großer Mehrzweck-Kino-Bau hingesetzt. Mit verschiedenen Kinos, Bars und all dem Zeug. Da kann man dann hinfahren, einparken und sich den Film seiner Wahl aussuchen. Die Sitze werden bequemer und die technische Qualität der Filme wird besser sein. Es wird nicht mehr vorkommen, daß die Kopie von »Chingachgook, die Große Schlange« wie bei Jens Iser zum tausendstenmal über die Leinwand holpert und knistert. Vielmehr wird es »Chingachgook« überhaupt nicht mehr geben. Man wird den Vorführer nicht mehr kennen. Man wird die weißen Punkte nicht mehr ausmachen können, die dem Mann am Apparat signalisieren, daß er nun die zweite Rolle starten muß.

Die Landfilmbespieler, wie sie in der kulturpolitischen Terminologie genannt wurden, finden in der Studie überhaupt keine Berücksichtigung mehr. »Die hatten es ja schon zu DDR-Zeiten schwer. Kein Kraftstoff und Vorführmaschinen aus der Oktoberrevolutions-Zeit. Nach der Wende sind sie dann restlos zusammengebrochen«, erklärt Strittmatter. »Das ist alles weg.«

Ernst Markquardt nimmt mich mit auf Tour. Während wir über die wunderschönen Alleen fahren, erzählt er von besseren Zeiten. 1952 hat er mit der Landbespielung angefangen. Damals ist er auf dem Fahrrad in die Säle gefahren, die Technik hat ein Fleischermeister mit einem Gespann transportiert. Für jede Station habe der alte Fleischer eine Zigarre, einen Schnaps und ein Bier gefordert. So war das. Wir schauen durch zerschlagene Fensterscheiben in verstaubte, improvisierte Kinosäle, besuchen Kneipenräume, in denen früher Hans-Albers-Filme liefen und heute Spielautomaten stehen. »Der erste Einbruch kam mit dem Fernsehen. Dann kamen die Motorräder, die jungen Leute waren einfach mobiler. Schließlich machten uns auch die vielen Diskos Konkurrenz«, zählt der alte Markquardt auf. »Nachher haben wir vor zehn, zwölf Männeken gespielt. Wenn's nicht gerade ein Bud-Spencer-Film war«.

In der Kienitzer Kneipe »Zum Hafen« wird Markquardt mit großem Hallo begrüßt. »Der Kino-Fritze, gibt's denn sowas«, greinen die trunkenen Greise am Stammtisch. Markquardt lächelt stolz und bestellt ein Bier. Im Saal, der jetzt mit Plunder und Bierkästen vollgestellt ist, hat er früher gespielt. Riesengroße Granatlöcher seien im Dach gewesen, so daß die Spatzen teilweise vor der Leinwand herumflogen. Auch zwei Jüngere, sie mögen um die Vierzig sein, erinnern sich an den Kino-Fritzen. »Donnerstag«, sagt einer, »war immer Kinotag. Das war gebont.« An ein paar Manfred-Krug-Filme erinnern sie sich noch, an »Die Glatzkopfbande« und Filme mit so vielversprechenden Titeln wie »Gib acht auf Susi!«. »Ist schon schade, daß es das nicht mehr gibt. Wir hatten doch hier nichts anderes als das Kino«, bedauert einer und saugt den Jacobi in kräftigem Zug aus dem Glas. Die besoffenen Alten brummen zustimmend.

Ernst Markquardt läßt sich noch mal als Kino-Fritze feiern. Draußen glitzert die Oder in der Abendsonne. Markquardt bestellt ein Bier. Der Wirt lächelt wissend. Es ist wie im Film.

April 1992

Anne, bist du's?

Lieselotte Flauß und ihre drei besonnenen Kolleginnen einer kleinen Sparkassenfiliale erlebten bereits acht Banküberfälle

Natürlich haben sie auch eine Kaffeemaschine. Zwei sogar, um korrekt zu sein. Aber die sind durchgefallen, alle beide. Sie haben sie ausprobiert und feststellen müssen, daß türkisch gekochter Kaffee eben doch der beste ist. Kaffee, in dem der Löffel steht. Mit einer klumpigen, krümeligen Schicht oben drauf, durch die beim Trinken oft unerwartet das heiße Wasser schießt und einem die Zunge verbrennt. Von den Krümeln, die den ganzen Tag im Mund herumschwirren, ganz zu schweigen. Etwas unpraktisch, aber auch symbolisch.

Denn in gewisser Weise haben sie einen Bogen beschrieben. Türkisch-maschinengefiltert-türkisch. Sie sind zurückgekehrt zu ihren Wurzeln, zu dem, was wirklich gut war. Und mit den hartnäckigen, unauflösbaren Krümeln auf der Oberfläche ihres Kaffees versuchen sie auch das ganze andere Zeug wegzurühren. Die Computer, Drucker und Automaten, die hübschen, schnippischen jungen Dinger hinter Glas, die gutgescheitelten, englischsprechenden Herren, die ihre Söhne sein könnten, und wohl auch die Zeiten, die soviel Ungewisses mit sich brachten.

Sie rühren und rühren, es klappert vertraut, beruhigend am Tassenrand, die Krümel tanzen, die Oberfläche schillert in bunten Farben, und manchmal, für Augenblicke, schließt sich der Kreis, und es ist wie früher. Keine Überfälle, keine lästigen Fragen, keine Polizei.

Der vorläufig letzte war der mit der abgesägten Schrotflinte. Er kam am 20. Juli und brachte einen Kumpan mit. Sie zwangen die Anwesenden, sich auf den Boden zu legen, was diese taten. So fiel kein Schuß. Alles ging ruhig und schnell über die Bühne. Die Video-Überwachungska-

Sparkasse

meras surrten zuverlässig. Vierhundert Bilder in der Minute. Fast wie fotografiert. Gute, gestochen scharfe Bilder.

Lieselotte Flauß, Annegret Puttkammer, Birgit Kruschel und Bärbel Winkler sind unterschriftsberechtigt. Das steht auf der kleinen verglasten Urkunde, die neben den bunten Sparkassenplakaten auf alter, vergilbter Tapete hängt, genau über einem der rötlichen Sechziger-Jahre-Kunstledersessel, die um das Sprelacarttischchen angeordnet wurden, auf dem die Werbeprospekte liegen. Der Stuhl hat runde, etwas nach außen abstehende Beine und ist so alt wie das fleckige, tausendmal geputzte braune Linoleum und einige andere Sachen hier.

Ganz oben auf der Urkunde liest man Lieselotte Flauß' Namen. Sie ist die Zweigstellenleiterin und seit 1956 bei der Sparkasse tätig. Zuerst im Thüringischen, wo sie herkommt, und seit 68 dann hier in Glienicke bei Berlin. Das sind nun auch schon fünfundzwanzig Jahre, wie die Zeit vergeht.

1970 stieß Annegret Puttkammer dazu, die anderen kamen später. Früh genug allerdings, um zu einem »verschworenen Kollektiv« zusammenzuwachsen, wie es die Zweigstellenleiterin einschätzt. »Bei uns steht einer für den anderen ein. Das ist einfach phantastisch. Wir haben keine Außenseiter«, erklärt Lieselotte Flauß. Oft werden die Frauen von einer Praktikantin oder einem Lehrling unterstützt. Kaum Außenseiter dabei.

»Es war der 18. Juni«, erinnert sich Karin Leipoldt. »Vormittags. Es war zwischen dem Mann mit dem Zopf und dem mit der Schrotflinte.« Frau Leipoldt, die als Sekretärin in der Glienicker Gesamtschule arbeitet, hatte sich noch umgedreht, als sie die Sparkasse betrat. Niemand zu sehen. Sie stellte sich wie immer hinter den plexigläsernen Ständer, der fordert: »Diskretion! Bitte Abstand halten.« Sie hielt Abstand.

Als sie sich das nächste Mal umdrehte, sah sie auf halber Höhe eine Waffe baumeln. »Es war eine große Waffe«, erinnert sich Karin Flauß. Dann ging alles sehr schnell. Eine dunkle Brille, eine Schirmmütze, vielleicht ein Bart, alle an die Wand, das Geld her und wieder raus. Sie weiß nur noch, daß der Mann der Kassiererin vorwarf: »Beim letzten Mal war aber mehr Geld da.« Ziemlich blöd für einen Einbrecher. Sie haben ihn wohl inzwischen auch, sagt Frau Leipoldt. »Ein Spieler aus Ost-Berlin mit viel Schulden, der richtig froh war, daß sie ihn kriegten.« Nicht mal die Waffe war echt.

Die Sparkasse steckt zusammen mit der Bibliothek und dem Standesamt in einem zweistöckigen grauen Haus. Auf der einen Seite sind die Garagen der Freiwilligen Feuerwehr, auf der anderen Seite der Friedhof. Man muß ums Haus rum, unter der ersten Videokamera durch in die Diele, wo das praktische Senioren-Tanz-Plakat hängt, bei dem immer nur das Datum ausgetauscht wird. Dann kommt nur noch die Eisentür mit Vorhängekette, die an der Seite vom vielen Auf- und Zumachen schon ein bißchen abgewetzt ist.

Wenn Annegret Puttkammer beispielsweise in der einstündigen Mittagspause mal was einkaufen geht und wieder rein will, ruft Lieselotte Flauß von drinnen: »Anne, bist du's?« »Ja«, ruft Annegret Puttkammer. Dann nimmt Lieselotte Flauß die Kette von der Tür und zieht sie an der Stelle auf, an der sie sie seit über zwanzig Jahren aufzieht. Das hinterläßt natürlich auf die Dauer Spuren.

»Die mittelbrandenburgische Sparkasse kümmert sich sehr um uns«, sagt die Zweigstellenleiterin und schiebt noch ein »wirklich« hinterher. Sie berichtet vom Eingang, der wegen der Überfälle demnächst von hinten nach vorn versetzt werden soll, die Klinker seien schon da. Computer sollen auch kommen und sogar ein Kontoauszugsdrucker. Im Augenblick werden die Auszüge noch aus Oranienburg hierher transportiert und von einer der Zweigstellenmitarbeiterinnen einsortiert. Jeder Glienicker Sparkassenkunde bekommt seinen Auszug in sein persönliches Plastetütchen gesteckt. Hinter die Kontoeröffnungs- beziehungsweise Unterschriftkarte, um genau zu sein. Die Tütchen lagern in drei großen Eisenschränken. Es dauert ein wenig, aber es hat was Persönliches. Es erinnert an einen Kaufmannsladen. Brauchen sie die Computer eigentlich? »Och«, seufzt Frau Puttkammer und zuckt mit den Schultern.

Marko Schönherr erlebte seinen Überfall gemeinsam »mit Danny und zwee andern«. Sie sollten für den Geschichtsunterricht die alte Glienicker Schule zeichnen. Die Schule steht der Sparkasse schräg gegenüber. Und wie sie dort saßen und malten, »kommt plötzlich 'ne Frau, so 'ne Tippse vom Rat, aus der Sparkasse gerannt und heult, also weint. Da überfällt jemand die Bank, hat se geschrien.«

Marko und seine Klassenkameraden wechselten daraufhin die Straßenseite, um das Geschehen besser verfolgen zu können. »Dann kam och schon der Bankräuber raus. Der hatte so hellbraune Haare mit'n Zopp hinten.« Geduckt sei er gelaufen, zwischen zwanzig und dreißig Jahre alt gewesen und in einen roten Opel Kadett gesprungen. »Dann hat er noch mal zu uns rübergekiekt und ist abjezischt. Ick gloobe, er hatte einen Oberlippenbart.« Die Jungs aus der 10. Klasse schrieben das Nummernschild auf ihre Zeichenblöcke und auch die anderen Beobachtungen. Marko erinnert sich zum Beispiel noch ganz genau an das »Beutelchen«, das der Räuber wegschleppte. »Dit sah ziemlich voll aus. Entweder dit war allet Geld oder die Knarre.«

»Nein«, staunt Annegret Puttkammer. »Doch«, sagt die Kundin auf der anderen Seite des Schalters, die ihr eben von den vielen Problemen mit ihrem Haus berichtet hatte. Und noch mal tauschen sie ein »Nein« gegen ein »Doch«, und Frau Puttkammer läßt ein »Unglaublich« folgen und ein längeres Kopfschütteln, bevor sie rüber zu dem Blechkasten geht, um der Kundin ihren Kontoauszug rauszusuchen. Es ist keiner da. Dafür gibt es die Mitteilung, daß die Dispo-Kreditzinsen um null Komma fünf Prozent fallen. Oder steigen.

»In so einer kleinen Gemeinde hat man ein viel engeres Verhältnis zu den Kunden als in der Stadt«, sagt die Zweigstellenleiterin Lieselotte Flauß. Sie kennt praktisch jeden und weiß mindestens zu jedem zweiten noch eine kleine Geschichte zu erzählen. Wessen Mann damals besoffen unter den Bus kam, wer gerade arbeitslos wurde und solche Sachen. »Ich bin ja nicht nur Frau Flauß, ich repräsentiere hier die Sparkasse. Daran sollte man denken, wenn man sich draußen bewegt.« Das haben sie und ihre Mitarbeiterinnen nie vergessen. Sie bekommen oft Kaffee geschenkt, erzählt sie. Auch Obst und Selbstgebakkenes.

Ihre Filiale hat nach der Wende kaum Kunden verloren. Nicht mal die vielen glitzernden Banken im nahen und vornehmen Frohnau und Hermsdorf konnten Kunden klauen. »Es ist eben ein Unterschied, ob man sich von einem jungen Schnösel über den Mund fahren lassen muß oder eine ausführliche Beratung von jemandem kriegt, den man schon seit Jahren kennt«, erklärt Lieselotte Flauß. »Unsere Leute wollen sich manche Dinge eben oft fünfmal erklären lassen.« Zu diesem Zweck haben sich die Frauen ein kleines Beratungszimmer eingerichtet, wo auch mal eine Tasse Kaffee gereicht wird. Dort kann man in Ruhe über alles reden.

Brigitte Kugel hatte ihr Erlebnis auf dem Hof des Ratsgebäudes, das neben der Sparkasse steht. Da sah sie den Mann und dachte noch nicht an Überfall. »Was machen Sie denn hier?« fragte sie. Statt zu antworten, rannte der Mann los, sprang über den Zaun, und Frau Kugel stellte eine Verbindung zwischen dem Beutel, den er in der Hand hielt, und der nahen Sparkasse her. Sie bat den Hausmeister des Gemeindeamtes, die Verfolgung aufzunehmen, doch der verlor den Räuber im Verkehrsgewühl. Frau Kugel sagt, das sei am 12. Mai gewesen. Der Mann hätte eine kleine Glatze getragen.

Sie lebe für die Sparkasse, erzählt Frau Flauß gerade, Frau Puttkammer nickt. Es sei ein schöner Beruf, aber auch einer mit Anforderungen. Sparkassenmitarbeiter, sagt Frau Flauß, müssen sich darstellen und artikulieren können. »Man muß das gewisse Etwas ausstrahlen.« Einige Eigenschaften bringt man mit, andere erlernt man. »Meine Mitarbeiterinnen haben eine hervorragende Ausbildung. Wir müssen aber immer noch weiterlernen. Qualifizierung ist das halbe Leben.«

Lieselotte Flauß hat dreieinhalb Jahre Sparkassenschule absolviert und den Leiterlehrgang in Potsdam. »Das war zwar noch in der alten Zeit, aber es ist ja nicht so, daß wir gar nichts gelernt haben. Wie es heute gern dargestellt wird.« Sogar wie man sich bei Überfällen verhält, wurde schon damals geübt. Auch wenn die Möglichkeit der praktischen Anwendung fast auszuschließen war. »Pistolen gab es ja nicht«, erinnert sie sich. »Und mit dem Hammer brauchte hier keiner reinzukommen.«

Seit dem ersten Überfall 1991 gesellte sich zum Schulwissen die Lebenserfahrung. Frau Flauß sagt ihren Mitarbeiterinnen immer: Bleibt ruhig.

Ruth Müller hörte nur die Reifen des Fluchtautos quietschen. Als sie aus dem Fenster sah, war der Überfall vorbei. Die pensionierte Deutschlehrerin begann ihren Aushilfsdienst in der Bibliothek, die sich über der Sparkasse befindet, genau an jenem 20. Juli, als unten wieder mal jemand nach den Geldsäcken griff. Sie hat dann allerdings nur ein paar aufgeregte Polizisten gesehen, die zu spät kamen. Außerdem kann ihre Kollegin Hannelore Lietz die Stelle neben der Tür zeigen, wo jemand einmal versuchte, in die Bibliothek einzubrechen. Wahrscheinlich, wie sie vermutet, um von hier ans Geld zu kommen. »Es hat sich auch schon mal jemand auf der Toilette eingeschlossen«, erinnert sich Ruth Müller. »Der war aber nicht ganz dicht«, ergänzt Hannelore Lietz.

Leider sickert die Unruhe immer stärker und durch alle Ritzen in die kleine Sparkassen-Filiale. Lieselotte Flauß sitzt im Beratungszimmer und guckt in die *Märkische Allgemeine*, Seite 2. Banküberfall in Schönefeld, drei Männer, einer kommt ihr bekannt vor. Vielleicht von einem früheren Überfall in Glienicke, sie weiß es nicht. »Das kann man ja jetzt jeden Tag lesen. Überall in Brandenburg werden laufend Banken überfallen. Schönefeld, Mühlenbeck, Beeskow. Wir sind ja kein Einzelfall.« Aber manchmal sieht es doch fast aus, als zöge sie, Lieselotte Flauß, die Bankräuber geradezu magisch an. Immerhin hat sie als einzige alle acht Überfälle auf die Glienicker Filiale mitgemacht. Und als sie letztes Jahr in Südtirol Urlaub machte, wurde prompt eine große Bank in Bozen überfallen. Das kann einen schon unruhig machen.

Doch wenn man lange genug grübelt, wenn man in Ruhe überlegt, gibt es Erklärungen. »Das Geld ist einfach zu knapp«, sagt Frau Flauß. »Ich glaube nicht, daß das Assis sind, die hier reinkommen. Die wollen doch arbeiten. Die ganze Lage bringt das mit sich. Es ist die Not, die sie in die Banken treibt. Man merkt ja auch, wie nervös die sind, wenn sie hier vor uns stehen. Da weiß man doch, daß die das nicht jeden Tag machen. Die wollen uns doch gar nichts tun. Die lassen ja mit sich reden.«

Sie will nicht mißverstanden werden, sie hängen schon an ihrem Geld, würden es keinesfalls freiwillig rausgeben und sich notfalls sogar wehren. Aber die Überfälle, die man hier erlebe, seien nun wirklich keine richtigen brutalen und großen. »Unsere kleinen Leute«, erklärt Liselotte Flauß. »Unsere kleinen Leute begehen doch nur Mundraub.«

Polizeihauptmeister Andrasch ist zur Zeit vier Wochen in Urlaub. Die Glienicker Polizeistation ist nicht besetzt. »Werte Bürger!« steht an der Tür des Dienstzimmers, »wenden Sie sich bitte mit Ihrem Anliegen an die Polizeistation Hohen Neuendorf.« In Hohen Neuendorf erklärt Polizeiobermeister Baumann, daß der Hinweis seines Glienicker Kollegen schon richtig sei. Nur wisse man in Hohen Neuendorf zur Zeit nicht, »wo hinten und vorne ist«.

Es ist alles ganz friedlich. Ein junger Mann mit buntem Hemd, Shorts und lässig in die Frisur gesteckter Sonnenbrille schaut in den Kassenraum. Er sucht einen Geldautomaten. Er fragt nicht: »Wo steht denn bitte Ihr Geldautomat?«, nicht mal: »Haben Sie einen Geldautomaten?«, nein, er fragt: »Sie haben keinen Geldautomaten, nicht?« Er fragt es eigentlich nicht, er sagt es. Im Abdrehen. »Nein«, sagt Bärbel Winkler von der Kasse. Lieselotte Flauß wirft Annegret Puttkammer einen kurzen, spöttischen Blick zu. Dumme Frage. Birgit Kruschel läuft mit dem Wasserkocher durch den Raum. Gleich gibt's Kaffee.

August 1993

Vietnamesen schwitzen nicht so stark wie deutsche Arbeiter

Binh Luong Hoa und die letzten Normbrecher in einer Thüringer Lederfabrik

Es gäbe schlimmere Geschichten über Ausländer in Deutschland zu erzählen. Diese hier ist eine vom Anfang, von den Wurzeln und von Fehlern. Sie spielt in einer Lederfabrik der Thüringer Kleinstadt Weida und handelt von deutschen und vietnamesischen Arbeitern. Es ist eine Geschichte über das Heimrecht. Über die Schwierigkeit, sich mit dem Gedanken anzufreunden, daß der vermeintlich Schwächere mitunter stärker ist, als man denkt. Was besonders schwer ist, wenn vermeintlich Starke und vermeintlich Schwache gleich beschissen dran sind.

Wolfgang Heiland warf den ersten Stein. Er meinte es gut. Heiland war jahrelang Lehrmeister in den Lederwerken, »staatlich geprüft«, wie er gern anfügt. 1987, als die Vietnamesen scharenweise ins Land kamen, hielt ihn »die damalige Partei- und die Betriebsleitung« offenbar für genügend qualifiziert, die fünfzig »vietnamesischen Freunde« zu betreuen, die die Lederwerke Weida abbekamen. »Ich hab' mich natürlich mit Händen und Füßen gewehrt. Aber es half nichts«, erinnert sich Wolfgang Heiland. Da er die Aufgabe nun einmal übernommen habe, kniete er sich auch voll rein. So sei er nun mal.

Was er nicht gelernt hat, ist das weiche »V« in Vietnam. Er spricht immer noch von »meinen Fffietnamesn«. Aber er hat sie damals vom Flughafen Schönefeld abgeholt (»Die stiegen da aus mit einem Pappkarton unterm Arm als Reisegepäck.«), hat sich um die Einrichtung der Wohnheimzimmer gekümmert, organisierte die Einkleidung (»Teilweise mußte ich Kindergrößen ranschaffen, so klein wie die sind.«), schickte sie zum Sprachlehrgang (»Zweihundert Stunden Unterricht bekamen sie, aber gelernt haben sie kaum was.«), knüpfte die Fäden zur Schule, zur Essenversorgung und zum Wohnheim.

Probleme gab's mit dem »Freizeitplan«, den der vierundfünfzigjährige Meister zusammenstellte. »So 'ne Vielfalt, was ich da alles gemacht hab'«, staunt er noch im nachhinein. Vor allem waren es wohl Exkursionen. Buchenwald war selbstverständlich dabei und auch Dresden. »Eigenartigerweise ging das Interesse der vietnamesischen Freunde an meinem Freizeitplan immer mehr zurück. Auch als ich deutsche Familien auftrieb, bei denen sie Weihnachten und Ostern verbringen sollten, wollte kaum einer.« Es schwingt immer noch Unverständnis mit, wenn Heiland davon berichtet, obwohl alles schon so lange her ist. »Anfang 1991 haben sie die Planstelle für den Betreuer gestrichen. Auch meinen ehemaligen Lehrmeisterposten gab's nicht mehr. Da bin ich in die Produktion gegangen.«

Seitdem hat Heiland auch nichts mehr mit den Vietnamesen zu tun. Aber er kennt sie schon noch, seine Pappenheimer. »Sehen Sie da am Spannrahmen«, sagt Heiland und zeigt auf eine Maschine, an der zwei Vietnamesen und ein Deutscher arbeiten. »Das ist die Sechzehn, daneben die Dreiunddreißig und der Kollege Weber. Garantiert.« Mit gekrümmtem Finger lockt er einen der Vietnamesen von der Maschine. »Na, welche Nummer?« fragt er, und der Zeigefinger richtet sich auf. »Sechzehn«, antwortet Quang Troung Van pflichtbewußt. »Gut, gut. Du kannst gehen.« Heiland kichert stolz in sich hinein. »Sehen Sie.« Er hat es gut gemeint, als er ihnen Nummern gab, »damit ich die nicht durcheinanderhaue, wo sie doch alle gleich aussehen.« Er hat alles, was er damals tat, gut gemeint. Den Freizeitplan und so. Er war eben nicht der richtige Mann für den Job.

Das ist lange her. Geblieben sind die Vorurteile. Einen Menschen, der anstatt des Namens eine Nummer trägt, kann man nicht ernst nehmen. Jemand, der »vor allem dort eingesetzt wird, wo er am dringendsten gebraucht wird« – so steht es im Regierungsabkommen zwischen der DDR und Vietnam –, kann kein vollwertiger Facharbeiter sein. Jemand, der freiwillig die blauen Anoraks der Jungpioniere trägt, der nicht weiß, daß man im Sitzen kackt und nicht im Stehen, jemand, der Angst vor dem Straßenverkehr hat, jemand, dessen gesamte Habe in einen

Schuhkarton paßt, jemand, der noch nie Schnee sah, jemand, der die Mülleimer überquellen läßt und nach drei Bieren betrunken ist, so jemand also kann nicht sein wie wir. Nicht so tüchtig, nicht so sparsam, nicht so klug. So hätte es keiner der Lederwerker jemals ausgesprochen. Aber all das spukt ihnen im Hinterkopf und läuft zusammen, wenn es gebraucht wird. Wie bei der Sache mit dem Spannrahmen.

Die Lederwerke Weida hat es mächtig gebeutelt. Leder wird außerhalb von Mitteleuropa viel billiger hergestellt, und die traditionellen einheimischen Kunden, meist Schuhfabriken, haben Pleite gemacht. Das Lederwerk gehört der Treuhand und tanzt am Abgrund. Von den ehemals neunhundert Beschäftigten blieben zweihundertfünfzig übrig. Von den fünfundsiebzig vietnamesischen Arbeitern sind noch achtzehn da.

»Natürlich haben einige der deutschen Kollegen, die wir entlassen mußten, sich aufgeregt, daß sie gehen müssen und die Ausländer bleiben dürfen«, weiß Betriebsleiter Ehrenfried Illmer. Doch er hat sich diesbezüglich nichts vorzuwerfen. »Wir haben immer gesagt, daß wir zuerst die deutschen Arbeitsplätze erhalten. Aber für die Arbeit, die die Vietnamesen machen, hat sich kein Deutscher gefunden. Wir haben sie angeboten. Aber die deutschen Bewerber haben gesagt: lieber arbeitslos als spannen. Sonst wäre kein Vietnamese mehr im Betrieb.« Dennoch rumpelt Unfrieden durch die alte Fabrik. Und Illmer ist nicht ganz schuldlos daran.

Spannen ist einer der wichtigsten Arbeitsgänge der Lederfabrikation. Er macht, wie sie sagen, »die Fläche«. Die gegerbte und gefärbte Rinderhaut wird gespannt und gespannt, um sie größer zu machen. Je größer, desto mehr Geld. Deshalb ist das Spannen wichtig. Es ist auch sehr schwer. Man kann es nämlich nirgendwo auf der Welt so richtig mechanisieren. Die finnische Werkzeugbaufirma, die das versucht hat, ist bezeichnenderweise pleite gegangen.

Also braucht man Menschen. Menschen, die die Häute über ein gelöchertes Metallbrett, den Spannrahmen, werfen und die vielen unterschiedlichen Zipfel und Enden des Leders mit kleinen Metallklammern feststecken. Ungefähr siebzig bis achtzig Metallklammern braucht man pro Haut.

Alles muß sehr schnell gehen. Denn die Spanner stehen im Akkord. Vier Leute arbeiten am Spannrahmen, zwei auf jeder Seite. Wenn sie gut sind, laufen sie wie ein Uhrwerk. Jeder verläßt sich auf den anderen, keiner steht auch nur eine Sekunde nutzlos rum. Die Vietnamesen sind gut. Es hat sich herausgestellt, daß sie besser sind als die Deutschen. Viel besser.

Dinh, Cong, Duc und Hoang schleichen wie die Katzen um das Spannblech. Man hat Schwierigkeiten, ihren Händen zu folgen. Sie verschmelzen mit der Maschine. Sie ziehen die Rahmen heran, entspannen sie, klammern die gespannte Haut ab, sortieren sie auf den fertigen Haufen, nehmen eine ungespannte von einem anderen Haufen, werfen sie über den Rahmen und klammern sie mit achtzig Haken an das Blech, spannen den Rahmen, schieben ihn in die Maschine zum Trocknen, greifen den nächsten Rahmen …, fünfzig Sekunden brauchen sie dafür. Immer fünfzig Sekunden, manchmal auch nur achtundvierzig. Das Famose ist, sie wirken ruhig und entspannt. Elegant, gelassen und schnell turnen sie um den Rahmen. Kein Schweißtropfen steht auf ihrer Stirn.

Zehn Meter weiter arbeitet die deutsche Spannbesatzung. Drei Frauen und ein Mann. Die Frauen haben sich dicke Pflasterstreifen um die Fingerknöchel gewickelt. Wenn sie abrutschen, reißen sie sich an dem scharfen Blech brennende Wunden in die Handrücken. Man rutscht ab, wenn man schnell sein will. Wie im Fieber stecken die Frauen Haken um Haken fest. Sie arbeiten mit dem ganzen Körper. Hektisch bücken sie sich nach heruntergefallenen Klammern. Ihre Hände sind angeschwollen, sie schwitzen unter den Kittelschürzen und haben acht Stunden lang nur einen Gedanken: daß endlich Schluß ist. Über eine Minute brauchen sie für eine Haut. Wenn man sie neben den Vietnamesen arbeiten sieht, weiß man warum.

Am Ende des Monats bekommen die Frauen für den knochenharten Job im Schichtdienst etwa 1 200 Mark auf die Hand. Die Männer verdienen nicht viel mehr. In jedem Fall aber bekommen die deutschen Spanner weniger Geld als die vietnamesischen. Das ist das Gesetz der Akkordarbeit, und es ist eigentlich auch nur das kleinere Übel.

Als die Betriebsleitung begriff, daß ihre vietnamesischen Kollegen für den kranken Betrieb Gold wert sind, begann sie, um sie zu kämpfen. Am 30. September lief für die meisten die fünfjährige Frist ab, die das Regierungsabkommen, das die DDR seinerzeit mit Vietnam geschlossen hatte, für den Aufenthalt der Gastarbeiter vorsah. Geschäftsführung und Betriebsrat führten einen regen Schriftverkehr mit verschiedenen Thüringer Landesbehörden. In einem Brief ans Innenministerium vom April 1992 brachten sie ein schweres Geschütz in Stellung: »Von Gerbereien in den alten Bundesländern ist uns bekannt, daß dort die Produktionsbelegschaft fast ausschließlich aus Ausländern besteht, da deutsche Arbeitnehmer Gerbereiarbeiten meist ablehnen.« Es half alles nichts.

Im Juli lehnte das Innenministerium den Antrag auf Verlängerung der Aufenthaltsbewilligung ab. Die Lederwerker schrieben und telefonierten weiter. Und schließlich, einen Tag bevor das Bleiberecht der Vietnamesen erlosch, verlängerte die Thüringer Landesregierung. »Letzmalig« ordnete sie »die Aussetzung von Abschiebungen von Vertragsarbeitern der ehemaligen DDR ... bis zum 31. Januar 1993« an.

Die Werkführung hatte es geschafft. Im Überschwang der Gefühle diktierte Betriebsleiter Ehrenfried Illmer der Lokalpresse: »Wäre das Bleiberecht für sie (die vietnamesischen Kollegen) mit dem gestrigen Tage erloschen, hätte auch unser Betrieb Pleite machen müssen. Die vietnamesischen Kollegen bringen aufgrund ihrer Fingerfertigkeit, der Arbeitsintensität und der hohen Temperaturbelastung achtundzwanzig bis dreißig Prozent mehr Leistung als deutsche Kollegen.« Das war der Hammer.

»Blödsinn«, findet Rolf Weber diese Behauptung. »Früher, als es noch kein Westgeld gab, haben die die Hälfte von dem gemacht, was sie heute bringen. Und außerdem sind sie nicht schneller als wir.« Andreas Hosenfelder könnte platzen, wenn er an den Artikel denkt. »Eine bodenlose Frechheit, ein Skandal«, stößt der dicke, große Mann im verschwitzten Unterhemd aus. Seine Brille mit den milchigen Gläsern hüpft fast von der Nase. »Die tun doch so, als seien die Fidschis fleißige Menschen und wir Deutschen faule Schweine. Das kann doch wohl nicht wahr sein, daß Ausländer uns im eigenen Land vorgezogen werden.« Er zeigt seine breiten, schwieligen Hände als Dokumente des deutschen Arbeitswillens vor. Neulich, erzählt er, habe ihn der Meister gleich morgens wieder nach Hause geschickt, weil angeblich keine Arbeit dagewesen sei. »Für mich heißt das Kurzarbeit und weniger Geld. Und dann sehe ich, daß die Fidschis sogar noch eine zusätzliche Nachtschicht fahren müssen. Eine Frechheit.«

Die Erregung muß groß gewesen sein. Der zuständige Meister, Frank Hoffmann, sah sich gezwungen, den Oktober zum Monat verschärfter Qualitätskontrollen zu machen. Irgend etwas, vermuteten die deutschen Arbeiter, konnte an der Sache nicht koscher sein. Es war doch einfach nicht möglich, daß der Vietnamese prinzipiell fleißiger ist als der Deutsche. »Aber auch über die Qualität kriegten wir sie nicht. Das messen wir, indem wir stichprobenartig die gesteckten Spannhaken zählen. Es müssen mindestens siebzig pro Haut sein. Das schaffen die Vietnamesen spielend. Zum Spaß haben sie manchmal sogar neunzig Haken gesteckt, ohne weniger Leistung zu bringen. Nach den Kontrollen hatte ich eher den Eindruck, sie könnten noch mehr schaffen.«

Da also auch das nicht zog, wurde der böse Blick geprobt. Tran Dinh Truong erzählt. »Es gefällt den Deutschen nicht, daß wir soviel arbeiten. Aber sie sagen es mir nicht ins Gesicht. Sie gucken ins Schichtbuch, sehen, wieviel wir gemacht haben, und schauen uns blöd an. So verächtlich.« Binh Luon Hoa meint: »Die deutschen Kollegen haben Angst, daß die Norm hochgesetzt wird, wenn wir soviel machen. Die Frauen, die am wenigsten verdienen, meckern überhaupt nicht. Nur die Männer. ›Du Ochse, du Schwein, arbeite nicht soviel!‹ sagen sie. Meistens sagen sie es nicht mir, weil ich gut deutsch spreche. Sie sagen es meinen Landsleuten, die schlecht sprechen und sich nicht wehren können.«

Die Leistungen der Vietnamesen sanken nicht. Die Zeit der Rechtfertigungen setzte ein. »Ich hab keine Zeit, meine Hände in Salzwasser zu legen, damit sich keine

Hornhaut bildet. Ich hab eine Familie«, betont Rolf Weber. Das Familienargument schillert in allen Farben. »Der Deutsche hat eine Frau, und er hat ein Auto. Das hat der Vietnamese alles nicht«, weiß Meister Frank Hoffmann. »Die hauen sich nach der Schicht sechzehn Stunden aufs Ohr oder spielen noch ein bißchen Volleyball.« »Die rammeln doch hier nur drei Jahre durch. Aber wir müssen das zwanzig oder dreißig Jahre tun«, fällt Andreas Hosenfelder ein.

Inzwischen findet auch Betriebsleiter Illmer seine Worte in der Lokalzeitung nicht mehr ganz so zutreffend. »Daß wir ohne die Vietnamesen Pleite gemacht hätten, ist ... äh ... sachlich vielleicht nicht ganz amtlich«, stammelt er ängstlich. »Die Vietnamesen sind aufgrund ihrer Physis, Konstitution und, naja, Mentalität sehr wichtig für unseren Betrieb, wollen wir mal sagen. Sie, sie schwitzen nicht so stark. Aber wenn sie jetzt weggehen, können wir doch nicht den Kopf in den Sand stecken. Ich meine, unsere Werktätigen sind doch ebenfalls sehr fleißige Leute, nicht wahr?« Und beim Betriebsrat glaubt man nicht mehr daran, daß die vietnamesischen Kollegen über den 31. Januar hinaus bleiben können.

Binh Luong Hoa hat eine Familie in Weida. Seine Frau und die beiden kleinen Töchter kamen im vorigen Jahr nach Deutschland, nachdem Binh, wie ihn alle nennen, eine unbefristete Aufenthaltsgenehmigung erhalten hatte. Der siebenunddreißigjährige hatte an der TU Dresden Betriebswirtschaft studiert, 1987 war er als Dolmetscher für die Gastarbeiter in die DDR zurückgekehrt. Diesmal nach Weida. Als 1991 dieser Posten nicht mehr bezahlt wurde, bewarb er sich beim Lederwerk in der Verkaufsabteilung. Er solle doch erst mal in der Produktion anfangen, sagte man ihm. Ein Jahr später fragte er noch mal nach, inzwischen war von einem Job außerhalb der Produktion nicht mehr die Rede. Binh arbeitet weiter als Spanner. Auch seine Knöchel sind geschwollen und voller Hornhaut. »Es stimmt, daß ich sie täglich in Salzwasser lege, damit die Hornhaut nicht ganz so wuchert. Aber doch nicht stundenlang. Ich habe schließlich auch eine Familie zu versorgen.«

Die Familie ist in eine ehemalige Betriebswohnung des Werkes in der dunkelsten Ecke Weidas gezogen. Sie haben sie so eingerichtet, wie sie sich eine gute Wohnung vorstellen. Mit dunklen, schweren Möbeln, einer wuchtigen, samtenen Couchgarnitur und einem großen Wandteppich mit Löwen. Binh hofft, daß der Ausländerhaß nicht nach Weida schwappt. »Es ist eine Kleinstadt. Da kennt jeder jeden. Bis jetzt ist auch nicht viel passiert. Zweimal waren ein paar Jugendliche im Wohnheim meiner Landsleute und haben mit Steinen Fenster eingeworfen und Krawall gemacht. Aber die waren betrunken und kamen von der Disko. Manchmal schreit auch jemand einem meiner Landsleute hinterher: Ausländer raus. Aber ansonsten ist es nicht schlimm.«

Im Werk sei das Klima eigentlich auch sehr angenehm, meint Binh. Aber, daß die Deutschen sich über die Arbeitswut seiner Landsleute aufregen, kann er nicht verstehen. »Sehen Sie, die meisten müssen im Januar nach Hause fahren. Was sie hier in einem Monat verdienen, dafür muß man in Vietnam jahrelang arbeiten. Wer dorthin nach so langer Zeit zurückkommt, muß sich wieder eine neue Existenz aufbauen. Es ist doch wohl klar, daß meine Landsleute die Zeit so intensiv wie möglich nutzen. Das muß man doch einfach verstehen.«

Die Spätschicht an den Spannrahmen hat es fast geschafft. Die Frauen sehen müde aus. Vor allem Margarete Hexler macht keinen guten Eindruck. Ihre Augen sind stumpf. Dreiundzwanzig Jahre hat sie als Sachbearbeiterin in der Finanzbuchhaltung gearbeitet, bevor die Stelle im vorigen Jahr wegfiel. Sie hat zunächst leichtere Produktionsarbeiten gemacht, dann schwerere, und seit drei Wochen spannt sie. Sie macht es, weil ihre Tochter studiert. Auch die dreiundfünfzigjährige Lore Fiedler war früher in der Verwaltung. Sie hat den Trick mit dem Salzwasser mal probiert, es aber nicht ausgehalten, weil es so brannte. Die Frauen mögen die Vietnamesen eigentlich, die dort zehn Meter neben ihnen schindern. »Sie sind freundlicher als unsere Männer«, meint Lore Fiedler.

Den Vietnamesen gehen die Häute aus. Drei von ihnen verschwinden, um eine neue Palette heranzuschleppen. Der vierte geht rüber zu den Frauen und hilft ihnen ein bißchen.

November 1992

»Mein Heim ist doch kein Durchgangszimmer«

Wie der Rostocker Familienvater Hans-Dieter Witt das leidige Asylantenproblem lösen würde

Hans-Dieter Witt ist einer jener Zeitgenossen, die das Leben gern mit Sprichwörtern kommentieren. Nie werde ich vergessen, wie er, nur mit einem weißen gerippten Schlüpfer bekleidet, in seinem nächtlichen Treppenhaus stand und deklamierte: »Schau vorwärts und nie zurück, neuer Mut bringt neues Glück«. Ein Spruch, der im Wohnzimmer seiner Großmutter hing. Zu seinem Repertoire gehört auch das Engels-Wort: »Die kleinste Zelle der Gesellschaft ist die Familie«, das Hans-Dieter Witt irrtümlich Erich Honecker zuschlägt. Witt mag auch den Spruch »Arbeit macht frei«, den die Nazis vor ihre KZ-Türen nagelten. Ein Wort, das er in den letzten Tagen oft zitiert hat. Weil er vermutet, es könne das Asylbewerberproblem lösen. »Arbeit«, so modifiziert es Witt, »befreit nämlich auch von dem Gedanken, anderen Leuten in die Grünanlagen zu scheißen.«

Bislang drangen Witts Weisheiten selten aus den Wänden seiner Lichtenhagener Neubauwohnung. Seit der vorigen Woche ist das anders. Hans-Dieter Witt hatte viel zu tun, obwohl er doch eigentlich arbeitslos ist. Er war pausenlos unterwegs, hat mit vielen Leuten geredet. Vor etwa zehn Tagen rief er den Rostocker Innensenator an, um ihm mitzuteilen, »daß die Asylbewerber hier rausmüssen, weil es sonst Zoff gibt«. Er schlug die ehemalige NVA-Kaserne in Prora vor. Der Innensenator hörte bekanntlich nicht auf den arbeitslosen Schlosser vom Rostocker Hafen.

So stand dann Hans-Dieter Witt am vorigen Sonnabend mit seiner Frau zwischen den aufgebrachten Lichtenhägern, die gegen das Asylbewerberheim in ihrem Stadtteil protestierten. Er kann sich nicht erinnern, Beifall geklatscht zu haben, als die ersten Pflastersteine flogen.

Dennoch, auch an den folgenden Tagen, als es brannte und Steine hagelte, nahm Hans-Dieter Witt am Geschehen teil. Sonntag- und Montag nacht verbrachte er noch Stunden vor der Haustür, Dienstag ging er nur raus, um der Polizei zuzurufen: »Viel hilft nicht viel«, in der Nacht zum Mittwoch traf ich ihn, wie er eben hinters Haus schlich, um nach seinem gebrauchten Audi zu sehen.

Das war auch jene Nacht, in der er den *ZDF*-Kollegen für dreißig Mark seinen Wohnungsschlüssel überließ, damit sie seine Toilette aufsuchen können, wenn es not tut. Ein kurzer Weg für die Kriegsberichterstatter. Witt wohnt unmittelbar an der Arena, in der Güstrower Straße.

So kann er sich heute mit einem gelegentlichen Fensterblick aufs Kampfgeschehen begnügen. Nicht sein Entsetzen wuchs, sein Interesse erlahmte. »Ich wollte keine Gewalt, ich wollte meine Ruhe haben.« Im Augenblick ist es noch nicht laut. Auf dem flimmerfreien Bildschirm der Witts tummelt sich »Der Frauenmörder von Los Angeles«, draußen belauern sich Polizei und Glatzen. Beate Witt hockt zwischen Otto-, Quelle- und Neckermann-Katalogen auf dem neuen Samt-Dreisitzer und lauscht den Ausführungen ihres Mannes, der gegenüber Platz genommen hat. »Ich bin ein politisch interessierter Mensch«, erklärt er gerade. »Geschichte war immer mein Lieblingsfach, später kam dann Staatsbürgerkunde dazu.« Täglich lese er mehrere Zeitungen und sehe viel fern. »Ich möchte wissen, was passiert. Das ist etwa wie bei meiner Knieoperation. Da habe ich den Doktor Zippel auch gefragt, was er da genau macht.« Aber wir sind vom Thema abgewichen.

»Die Geschichtsbücher unter Honecker«, kehrt Witt zurück, »wurden ja auch immer dünner. Ist ja kein Wunder, daß bei den Steinewerfern da unten unklare Vorstellungen herrschen. Die machen zwar den Hitlergruß, aber unsere ostdeutschen Jungs sind doch keine Nazis.« Witt ist eben auf dem Weg in die Küche, um sich eine neue Büchse Bier zu holen, als er halt macht. Er faltet die Hände überm Schlüpferbund und erklärt: »Unter Hitler wären die Ausländer doch nicht von einem Heim in ein anderes vertrieben worden. Die wären vergast worden. Damit kann man unsere Jugendlichen ja nun nicht vergleichen.« Das Fernsehen wirbt für Slip-Einlagen.

Frau Witt füllt die Pause, indem sie über ihr Geschäft spricht. Sie hat einen ehemaligen Konsumladen in Warnemünde übernommen. Jetzt habe sie Schwierigkeiten mit den Krediten von der Deutschen Bank. Beate Witt ist zu der Erkenntnis gekommen, »daß die Wessis gar kein Interesse daran haben, daß hier was aufgebaut wird«. »Genau«, schreit ihr Mann vom Kühlschrank, »die wollen alles plattmachen.« Er habe in Bonn anrufen müssen, um die Sache zu klären. »Wir müssen aufpassen, daß da nicht wieder neue Mauern wachsen zwischen Ost und West«, betont der Familienvater. Ihm fällt ein Beispiel ein. »Ich weiß nicht, ob das gut ist, daß ausgerechnet Westpolizisten auf unsere Jungs einprügeln.« Hans-Dieter Witt hat praktischerweise gleich die Kornflasche mitgebracht.

Eigentlich haben die Witts nichts gegen Ausländer. Herr Witt selbst hat mit Kubanern im Hafen gearbeitet. »Die können schon arbeiten«, erinnert er sich. »Natürlich müssen die sich auch erst an unseren Lebensrhythmus gewöhnen«, wirft seine Frau in die Debatte. »Also im Busch ist das ja ganz anders. Dort wo die herkommen, aus Senegal, Vietnam oder Frankreich.« »Jedenfalls sollten die die Ausländer gleich an der Grenze fragen, was sie hier arbeiten wollen«, bringt Herr Witt den Gedanken zu Ende. »Arbeit gibt's gerade im Osten Deutschlands genug. Wenn die Leute sehen würden, daß die Asylanten bereit sind zu arbeiten, gäb's auch keine Krawalle. Aber es geht nicht, daß die unser Brot essen, unser Geld nehmen und uns zum Dank ins Wohnzimmer scheißen.«

Das Wohnzimmer der Witts ist klein. Zu Weihnachten haben sie sich die dunkle Schrankwand mit dem Glasteil und die Couchgarnitur gekauft. Auch der Fernsehtisch nimmt eine ganze Menge Platz ein. Ein großer Stereofernseher, der Videorecorder, die Satellitenanlage und der Dekoder fürs Premiere-Programm.

Stern TV bringt eine Umfrage unter Rostocker Bürgern zu Asylbewerbern in die Stube. Aufgeregte Menschen mit Einkaufstüten sprechen von Orgien und Scheißhaufen unter freiem Himmel, von Dieben, Bettlern und Mädchennachstellern. Beate und Hans-Dieter Witt nicken stumm. Ein Herr mit gezwirbeltem Schnurrbart erwähnt »Kinder, Kegel und Schädlinge, die die mitbringen«. »Das klingt ein bißchen blöd«, sagt Frau Witt, »aber meine Kinder kamen auch schon mit Läusen nach Hause, seit die Asylanten da sind.« Die Witts haben vier Kinder. Ein Junge ist geistig behindert. Er wohnt während der Woche in einem Warnemünder Internat. Er kostet die Familie fast ihr gesamtes Kindergeld.

Die älteste Tochter kommt ins Wohnzimmer. Sie schläft zur Straßenkampfseite. »Es ist jetzt losgegangen«, verkündet sie. »Die haben auch wieder Autos angesteckt.« Nur zur Sicherheit geht ihr Vater ans Wohnzimmerfenster. Wie die anderen Nachbarn hat er seinen Wagen auf dem Rasen des Innenhofes geparkt. Da kann nicht viel passieren. Schade zwar um den Rasen, aber was soll man machen. »Geh' schlafen«, bittet Frau Witt ihre Tochter. »Und mach das Fenster zu. Wegen dem Tränengas.«

Jetzt hören wir auch in der abgelegenen Wohnstube die Sirenen und die Kommandos für den Wasserwerferpiloten. »Tja«, schüttelt Hans-Dieter Witt nachsichtig den Kopf. »Das sind eben die Mecklenburger. Wir sind zwar schwer aus der Ruhe zu bringen, aber wenn's dann erst mal passiert ist, gehen wir ab wie eine Dampfwalze.« Er mag den Menschenschlag. Der Ordnungsliebe wegen. »Die Berliner und die Sachsen sind so ein Flattervolk. Das kann ich nicht verstehen, die haben keine Tagesordnung.« Bei ihm selbst gibt es Frühstück um halb sieben, Mittag um halb zwölf und Abendbrot pünktlich um achtzehn Uhr. »Danach will ich Ruhe im Haushalt haben.« Um diese Zeit bewegt sich die Kühlschranktür nur noch zum Bierholen. »Der Mecklenburger ist ordentlich, diszipliniert und bodenständig«, faßt Witt zusammen. »Seine ganze Denkungsart hängt so ein bißchen ins Ruhige rein.« Draußen pladdern Steine auf Plastikschilde.

Witt sammelt nicht nur Sprichwörter. Er sammelt Erfahrungen und Meinungen, daraus zimmert er sich sein Weltbild zusammen. Mit dem, was er gesunden Menschenverstand nennt, verschmiert er die Fugen. Von seinem Großvater, einem Mecklenburger Bauern, weiß er, »daß der Zigeuner an sich auch Hunde- und Katzenfleisch ißt«, von einem Imbißbudenbesitzer in Hamburg erfuhr er, daß die Westler, die in den Osten kommen, der letzte Abschaum sind, der es drüben auch nicht geschafft hat, von der Zeitungsfrau hat er, daß die Asylanten ihren Kiosk aufgebrochen, Geld und Zigaretten geklaut haben, einer *SAT 1*-Sendung entnahm er, daß die Westler den Russen siebzehn Milliarden für die DDR zahlen mußten oder vielleicht auch nur zwölf, von der Kindergärtnerin seiner jüngsten Tochter bekam er gesteckt, daß sie sich nicht mehr auf die Straße traue, weil sie von Ausländern betatscht werde, in der *Super*-Zeitung las er, daß die schlimmsten Nazi-Filme von der DFFA gedreht wurden und man sich deshalb nicht zu wundern brauche, an der Imbißbude erfuhr er, daß Asylbewerber in die Regale der Kaufhalle gepinkelt hätten, und ein *ZDF*-Reporter verriet ihm, daß Hoyerswerda gegen Lichtenhagen ein Klacks gewesen sei.

Selbstbewußt steuert Witt seine Rede durch alle Widersprüche. Gerade beschimpft er die Wessis für ihre Geldgier, nun berichtet er, wie sie sich von ihrem Begrüßungsgeld »was Vernünftiges«, nämlich einen Fernseher, gekauft hätten. Eben fordert er lebenslänglich für Honecker, nun lobt er dessen Sozialpolitik. Vorhin hat er sich an eine Busreise nach Paris erinnert, wo »verschiedene Kulturen so wunderbar miteinander leben können«. Jetzt erklärt er unwiderruflich: »Mein Heim ist meine Burg und kein Durchgangszimmer.«

Morgen wird er mir zeigen, wo die Zigeuner überall gelegen haben. Wir werden in Büschen nach Kotresten suchen. Ich werde Frau Kegemann kennenlernen, die in der Lichtenhäger Kaufhalle an der Kasse sitzt. »Mir geht es seit zwei Tagen endlich wieder gut«, wird sie erzählen. »Seit dieses Gesocks endlich weg ist. Für die Ausschreitungen kann man uns ja schlecht verantwortlich machen.« Wir werden den Imbißbudenbesitzer treffen, der durch Glatzen, Bürger und Journalisten jeden Abend ein Bombengeschäft macht. »Der mußte im Laden meiner Frau pausenlos Bier nachholen und Geld wechseln«, erklärt Witt. Wir werden beobachten, wie ein Möbelwagen die nicht verbrannten Stühle, Tische und Schränke aus dem verkohlten Hochhaus birgt. Wir werden die Stelle sehen, wo nach Witts Angaben »die Zigeuner unter freiem Himmel gebumst haben«, und auch das Haus, in dem die betatschte Kindergärtnerin wohnt.

Leider können die vier Sicherheitsbeamten, die die Kaufhalle seit Wochen vor ausländischen Dieben und zuletzt vor plündernden Linken beschützen sollen, nicht bestätigen, daß auch nur ein Asylbewerber in die Regale gepinkelt hat. Ich traf mehrere Lichtenhäger, die das beobachtet haben wollen. Das wird morgen sein. Bei Tageslicht, das ein gepflegtes Wohngebiet zeigt.

Heute nacht ist die Kornflasche halbleer, zwischen dem Knüpfteppich an der Wand und den schmiedeeisernen Topfblumenhaltern, der Satellitenanlage und dem Wegwerfradiorecorder, zwischen Herrn Witt und Frau Witt liegt der Zigarettenrauch wie Watte. Sie können die Fenster wegen des Tränengases nicht öffnen. Draußen tobt die Schlacht, hier beginnt »Starsky und Hutch«.

Witt steht an der Wohnungstür und hört nicht auf zu reden. Von Politikern, die an der Situation schuld seien. Vom Mecklenburger, der nicht redet, sondern handelt. Von den Erlebnissen eines Großonkels in sowjetischer Gefangenschaft. Von Honecker, Kohl und dem Rostocker Bürgermeister, der hier gleich um die Ecke wohnen soll und dennoch nicht eingegriffen hat. Vom nächsten Treppenabsatz sehe ich noch mal hoch. Er steht mitten im Flur, halbnackt in seiner rippigen Unterhose und rezitiert ein längeres deutsches Sprichwort.

Im Schutz des Hauses ducken sich die Ladas, Golfs, Dacias und Astras der Lichtenhäger Bürger. Vor dem Haus fliegen Pflastersteine. Später, wenn alles ruhig ist, wird Hans-Dieter Witt noch mal runtergehen und nach dem Audi sehen.

August 1992

»Ick lass' jetze allet uff den Endpunkt zuloofen«

Barbara Meyer und ihre Biesdorfer Großfamilie fühlen sich in ihrem neuen Leben immer wieder »übern Nuckel barbiert«

Es war keine gute Woche für Familie Meyer. Weder die versprochenen Affen noch die Zebras trafen ein, statt dessen kriegten sie eine Vorladung zum Landgericht wegen der Fassaden-Sache, drei Autos verschwanden, es regnete ziemlich häufig, und schließlich mußte Barbara Meyer in der Zeitung lesen, daß sie in Bonn nun auch noch das Kindergeld kürzen wollen. Das ist nicht besonders erfreulich für Cliff Meyer, auch nicht für David, Torsten, Babsi, Frank, Jens und Simone Meyer und erst recht nicht für deren Eltern.

Barbara Meyer ist zweiundvierzig Jahre alt und hat vierzehn Kinder geboren. Das erste mit siebzehn, das letzte mit neununddreißig. Drei Kinder starben, vier sind aus dem Haus. Herr Meyer ist erst dreißig Jahre alt und stieß Mitte der achtziger Jahre zur Familie. Er verantwortete die letzten vier Kinder und baute ihnen in Berlin-Biesdorf, in U-Bahn-Nähe, ein Haus mit Garten. Mit dem Haus gibt es ein paar Probleme, doch der Garten ist einfach wundervoll. Eine kleine Biesdorfer Michael-Jackson-Farm.

Es gibt Brunnen, meterhohe burgartige Säulen, Hütten, Palmen und sogar Windmühlen aus Plastik. Es gibt einen echten Coca-Cola-Imbißtisch und einen großen, zweiachsigen, wenn auch schrottreifen Wohnwagen. Quer durch den Garten spannen sich bunte Lichterketten. Auf dem Rasen stehen nicht nur Gartenzwerge, sondern auch Gartenflamingos, -frösche, -ziegen, -tiger und sogar -pinguine. Hinten sind dann die Ställe. Für die richtigen Tiere. Denn zur Famlie gehören noch drei Hunde, ein Pony und ein Schimmel. Wenn alles klappt, kommen nächste Woche noch ein paar Affen und zwei Zebras dazu. Frau Meyer holt sie aus dem Zirkus, wo die »armen Viecher sonst verhungern würden«. In einer Ecke verfaulen zwei große Ki-

33

sten Bananen, weil die Affen eigentlich schon diese Woche eintreffen sollten. Und alles sozusagen mitten in Berlin. Es könnte so schön sein.

Das letzte Mal richtig Glück hatte die Famlie, so blöd das klingt, als der Opa starb. Vor allem, daß der alte Mann, den die gelernte Krankenschwester Barbara Meyer zu sich nach Hause in Pflege genommen hatte, noch vor der Währungsunion verschied. Er vermachte ihnen ein bißchen Geld, so daß sie das tausend Quadratmeter große Grundstück und das Haus kaufen konnten, in dem sie bis dahin zur Miete gewohnt hatten. Doch von da an ging das meiste schief, was die Familie anfaßte.

»Für den Golf hatten wir 10 900 abgedrückt. West«, erinnert sich Barbara Meyer an ihre erste größere Anschaffung nach der Währungsunion. Sie klärt in der Familie das Organisatorische, wobei »klären« vielleicht nicht ganz den Kern trifft. Jedenfalls hatte der Wagen schon bald eine Macke, mußte zur Werkstatt und verschwand eines Nachts von deren Hof. »Ein paar Tage später, ick war gerade in anderen Umständen, stand die Polizei bei uns vor der Tür und sagte: ›Frau Meyer, Sie müssen jetzt janz mutig sein.‹« Irgend jemand hatte den Golf in Brand gesteckt und dann in den Biesdorfer See geworfen. Familie Meyer nahm sich einen Anwalt. Einen teuren aus dem Westen. »Bis heute ham wir keen Pfennig gesehen. Also ham wir dem Anwalt och nischt bezahlt. Iss doch klar.« Das sah die Kanzlei etwas anders. Familie Meyer entstanden die ersten Außenstände.

Inzwischen war ihr Mann, der bis zur Wende als Kraftfahrer gearbeitet hatte, längst arbeitslos. »Frank ist jetzt uff Arbeitslosenhilfe und macht sich ab und zu 'ne Mark mit kleene Autoreparaturen. Er iss ja so 'n Fummler.« Leider verschwanden in der letzten Woche drei der alten Autos, an denen Frank Meyer so ein bißchen rumfummelt, von der Straße vor ihrem Haus.

1991 machte Frau Meyer sich selbständig. In der großen Diele ihres Hauses eröffnete sie »Babsy's Geschenkboutique«, ließ herzförmige Schlüsselanhänger als Werbegeschenke anfertigen und bestellte ein kunterbuntes Sortiment, das vorwiegend aus Spiel- und Schreibwaren bestand. Die Lage an dem unbefestigten Weg in der Kleingarten- und Eigenheim-Siedlung erwies sich als äußerst ungünstig. »Sie müssen nicht glooben, daß irgend jemand wat koofen kam.« Ein Jahr hat sie durchgehalten, mit durchschnittlich zwanzig Mark Umsatz am Tag. Zum Schluß hat sie noch versucht, das ganze »in Richtung Kopier- oder Getränkeshop umzumodeln«.

Es nutzte nichts. »Babsy's Geschenkboutique« schloß und hinterließ einen verstaubten Computer, einen Kopierer, unzählige Schlüsselanhänger und anderen Kleinkram, jede Menge lebensgroße Stofftiere (Affen, Bernhardiner, eine Giraffe, eine Kamelgruppe) sowie einen Berg Schulden. »Vierzigtausend mindestens«, seufzt Barbara Meyer. Und nach einer kurzen Pause fügt sie hinzu. »Zahlen wir aber zurück, wenn's uns besser geht.«

Beispielsweise denke ihr Mann im Augenblick daran, gemeinsam mit ihrem siebzehnjährgen Sohn, für den sie keine Arbeit finden, weil er nur die vierte Klasse einer Sonderschule abschließen konnte, das »Geschäft« in einen mobilen Obst- und Gemüsestand »umzumodeln«. Sie haben von einem Kumpel gehört, daß Obst und Gemüse gut laufen soll. Nur leider gehört der Barkas, mit dem die ganze Sache angeschoben werden sollte, zu den Fahrzeugen, die vorige Woche verschwanden.

Barbara Meyer versuchte nun, in der Versicherungsbranche Fuß zu fassen. Sie besuchte mehrere Lehrgänge, merkte aber schnell: »Dit iss nischt für mich. Ick ruf' an und frage: ›Brauchen Se eine Versicherung?‹ Da sagen die Leute doch: ›Nee danke. Ick brauch' nischt. Ick bin schon jenuch beschissen worden.‹ Und irgendwie ham die Leute da recht.« Frau Meyer weiß, wovon sie redet. An Versuchen, sie übers Ohr zu hauen, »übern Nuckel zu barbieren« – wie sie es nennt –, hat es nicht gefehlt. Sie hat lange widerstanden. Einem Kredithai kam sie auf die Schliche, weil der für einen »harmlosen« Brief mehr als fünfhundert Mark Nachnahmegebühr forderte. »Mein Mann hat den Briefträger gefragt, ob er mal schnell in den Brief rinkieken darf.« Die neue Garage, die sie sich für 28 000 Mark aufstellen lassen wollten, erkannten sie praktisch in letzter Sekunde als »ollet Blechding aus'm Osten, wat sie een bißchen bunt angemalt hatten«. Aber der Fassadenfirma liefen sie dann doch ins offene Messer.

Die Firma versprach auf ihre Fassaden einen zwanzigprozentigen Musterrabatt, wenn sie anderen Kunden zur Besichtigung freistünden. Familie Meyer brauchte neben einer neuen Heizung, einem Dach und einigen anderen Dingen unbedingt eine Fassade und war etwas gefühlsduselig, weil die Firma aus dem Osten kam. Einen Kredit wollte ein Bekannter aus Thüringen, der über gute Verbindungen zur »Hypobank oder sowat« verfügt, notfalls organisieren. Das Grundstück der Meyers sollte belastet werden.

Alles lief, die Bauarbeiter erschienen umgehend, und nach einigen Tagen duzten sich Herr und Frau Meyer bereits mit dem Geschäftsführer der Firma. Sie wurden auch nicht mißtrauisch, als ihnen ein paar der Bauarbeiter versicherten, sie hätten seit Monaten kein Geld mehr gekriegt. Die erste Zwischenrechnung über 60 000 Mark faxte Barbara Meyer wie abgesprochen zu ihrem Bekannten nach Thürngen. Wenig später traf die zweite Zwischenrechnung ein. Wieder waren 60 000 Mark fällig. Aus Thüringen erfuhren sie jedoch, daß man für ein Stück Papier, auf dem lediglich die Summe 60 000 Mark und eine Kontonummer angegeben ist, in der Regel keinen Kredit erhält. Kurz darauf kam ihr Bekannter persönlich vorbei, begutachtete die Fassadenarbeiten, stellte erhebliche Mängel fest und riet, keinen Pfennig zu zahlen. »Er hat mir gesagt, ick soll alles auf den Endpunkt zuloofen lassen«, sagt Frau Meyer. »Und jenau dit mach' ick.«

Der Krieg begann. Die Bauarbeiter stellten halbfertig die Arbeiten ein, im Keller der Meyers begann es zu tropfen und schließlich zu schimmeln, der Geschäftsführer tauchte »in einem besoffenen Zustand auf der Gartenmauer« auf und beschimpfte Barbara Mayer »mit Ausdrücken aus dem sexuellen Bereich«. Frau Meyer gewann die Überzeugung, daß die Fassaden-Firma auch hinter den verschwundenen Autos stecke. Die Nachbarn, die ohnehin zornig sind, seit ihre Gärten von den Schweinen zerwühlt wurden, die Familie Meyer noch vor kurzem hielt, bekamen neue Nahrung für den Klatsch, und schließlich plumpste ein Brief einer renommierten Rechtsanwaltskanzlei bei Familie Meyer in den Briefkasten. Erstmals geht es um eine sechsstellige Summe. »Na und«, sagt Frau

Meyer. »Wir haben och jute Anwälte. Die freuen sich schon regelrecht uff den Prozeß.«

Die Anwälte haben auch gleich noch die zurückliegenden Forderungen an Familie Meyer übernommen. Die Golf-Geschichte und die mit den Stofftieren. Das muß nicht alles sein. Eben nämlich legt Frank Meyer den Telefonhörer in die Gabel und stöhnt: »Die Autos hat die Polizei abgeschleppt. Weil se nicht zugelassen sind. Dit kostet wieder. Hundertfünfzig Mark pro Auto mindestens.« Für einen kurzen Augenblick ist Barbara Meyer still und blaß. Einen kurzen Augenblick lang.

»Dit iss es nun wieder. Da nehmen sie uns schon wieder Geld weg für total überflüssige Sachen. Wat soll 'n dit? Erst dit Kindergeld und nun dis. Nur damit die in Bonn ihre Diäten erhöhen können. Na iss doch wahr.« Und dann sagt sie es wieder. »Alles auf dem Rücken einer kinderreichen Familie.« Das Zauberwort, das nicht mehr wirkt.

Sie erzählt von früheren Zeiten, wo sie »beim Amt« nur »zur Kinderreichen« gehen mußte, die sich dann um alles gekümmert hat. Jetzt gibt es keine Tür mehr, auf der das Zauberwort steht. »Dit ist doch ein total bürokratischer Staat.« Einen Ausbruch lang scheint Frau Meyer das ganze Ausmaß der Misere zu begreifen. Die ganzen verfluchten Zettel, die Formulare, Briefe, die Rechnungen und die Kontoauszüge, die sie begraben. Die sie eines Tages womöglich aus dem Haus treiben werden, wenn sie nicht endlich wieder mal Glück hat. Oder sich jemand um sie kümmert, irgend jemand, der ihr sagt, was sie machen muß.

Doch dann kotzt »Püppi«, die Boxerhündin, aufs Sofa. Und Frau Meyer hat wieder konkretere Sorgen. Sie schickt die älteste Tochter nach einem Lappen. »Püppi« müsse mal zum Tierarzt, außerdem brauche man Hundefutter, nächste Woche kommen die Zebras, und um zwei ist Termin bei ihrer Anwältin.

Und jetzt ist es schon halb drei.

Juli 1993

»Ich mußte zehn Jahre auf meinen Skoda warten. Na und?«

Dieter Gotthards Leben in der Braunkohle schlug keine Haken

Gotthard weiß nicht, wieso er erleichtert ist, wenn die Haustür ins Schloß fällt. Er hat noch nie darüber nachgedacht. Er schließt beim Gehen die Tür ganz leise, damit die Frau nicht aufwacht. So nennt er sie: »die Frau«. Er schaltet ihr Schnarchen ab, ihre Krücken, die am Fußende des Ehebettes lehnen, und löscht die muffige Stubenluft, die sie verbreitet, wenn sie abends noch fernsieht, während er schon schläft. Gotthard saugt die einzigartige Luft ein, die die Nacht produziert, wenn sie zum Morgen wird. Er fühlt sich frei.

Früher ist er auf die Straße getreten und hat nachgesehen, wo der Bus bleibt. Zehn, manchmal fünfzehn Minuten stand er dort und hat gewartet. Es waren die einzigen untätigen Minuten des Tages. Gotthards schönste Zeit. Tausende besinnliche, müßige Viertelstunden im Morgengrauen. Heute geht er ein paar Schritte zu seinem gebrauchten Ford Fiesta, startet ihn und fährt zur Arbeit.

Früh um fünf, wenn sich auf dem schrecklichsten Stück deutscher Autobahn zwischen Leipzig und Borna die Kumpel drängeln, wenn die Skyline von Espenhain noch nicht schäbig aussieht, sondern dämonisch, wenn der Dunst und die Dämmerung sich gnädig über Raffinerien, Kokereien, Gasereien, Kessel, Kraftwerke und Schlote legen, wirkt der Tagebau gottgewollt. Wie eine ewige, uralte Schlange liegt er leblos in der kargen Landschaft. Der Grand Canyon von Borna. Die Sandschichten schillern, und unten in schwindelnder Tiefe schlängelt sich das Braunkohleflöz wie ein schwarzer, brodelnder Fluß durchs Tal. Ein einziger gewaltiger und sanfter Riß in der mitteldeutschen Erde, dem man nicht zutraut, von Menschenhand zu stammen. Er muß schon immer dagewesen sein. Vielleicht ist es diese Urgewalt, die den Eingeborenen das Nachdenken austrieb.

Gotthard sieht nichts von dem falschen morgendlichen Zauber. Er denkt an den Kaffee, den die müden Küchenfrauen ihm gleich in die abgegriffenen Keramiktassen füllen werden. Vorher geht er an den Blechspind, wo seine durchgetretenen Arbeitsschuhe warten, die dicken Socken und der blaue Anzug, der so säuerlich riecht und immer ein bißchen feucht ist. Er zieht diese Sachen gern an, sie geben ihm Sicherheit. Die Männer schließen scheppernd ihre Blechschränke und gehen mit schweren, lässigen Schritten rüber zu den Küchenfrauen. Sie sind die Tagebaukumpel, die Wettbewerbssieger, der Stolz der Republik. Sie kommen immer ein paar Minuten zu früh zur Arbeit. Das nimmt ihnen keiner mehr.

Dieter Gotthards Karriere schlug keine Haken. Sein Vater blieb im Krieg. Die Mutter stand allein mit drei Jungen da. »Wir hatten nichts zu heizen, und im Tagebau gab's hundert Zentner Kohle Deputat im Jahr.« Er ist geblieben, auch später, als Kohlen nicht mehr knapp waren. Seit achtunddreißig Jahren arbeitet Gotthard im Tagebau. Er verlegt Gleise für die riesige Förderbrücke, die sich Meter für Meter durch die Landschaft frißt. Ein schwerer Job. Er hat aus dem vierundfünfzigjährigen Gotthard ein kleines, braungebranntes Kraftpaket gemacht, das nachts manchmal Rückenschmerzen hat. Er hat ihm einen schlichten, geraden Charakter gegeben.

Solche Charaktere waren es, die das Wirtschaftswunder DDR fertigbrachten. Ein Wunder, das nie dazu führte, daß man genug Orangen bekam oder das Auto, das man gern gehabt hätte. Eher ein kleines Wunder, das das Land im Osten Deutschlands trotz seiner vergreisten Führer solange am Leben hielt. Ferienheime, Milch- und Essengeld, Ehekredite und Mütterurlaub, Kinderkrippen und die Volvos der Regierung, das Wohnungsbauprogramm, solche Dinge waren es, die Männer wie Gotthard möglich machten. Jedenfalls hörten sie das immer wieder. Und hörten es gern. Und wurden stolz auf sich und ihre Arbeit und ihr Land. Das kann heute niemand so richtig begreifen, der sie da stehen sieht, in den öden Tagebauen, neben schwelenden Ruinen und öligen Flüssen. Und sie von alten Zeiten schwärmen hört.

»Ich habe habe gern in diesem Land gelebt. Ich hatte genug Geld zum Leben. Die Sicherheit, die es damals gab, fehlt mir jetzt. Ich bin vierundfünfzig Jahre alt, das ist kein gutes Alter, um noch mal von vorn anzufangen. Und außerdem hat es mir nie an irgendwas gefehlt. Man hat doch alles bekommen, was man brauchte. Und wenn nicht, ist man eben zweimal gefahren. Oder dreimal. Ich mußte zehn Jahre lang auf meinen Skoda warten. Na und? Das war genau die richtige Zeit, um das nötige Geld dafür zusammenzusparen. Nein, das war kein schlechter Staat, die DDR. Das kann mir keiner einreden. Ich war drei Jahre lang freiwillig an der Grenze, als Soldat.«

Der einzige Makel in diesem geradeaus gelebten Leben ist der Sohn, den Gotthard zeugte. Er ist, so sieht es Gotthard, »aus der Art geschlagen«. Ein Mensch, der nicht fünf Minuten zu früh zur Arbeit erscheint, sondern eher gar nicht. »Als ich das erstemal seine Fehlschichten gesehen hab', dachte ich, mich haut's in die Fresse. Das klingt zwar blöd, aber ich habe mich regelrecht geschämt für den Jungen. Er hat ja auch im Tagebau Espenhain gearbeitet. Ich selbst brachte ihn damals hier unter. Ich hab' immer gesagt, das kann doch nicht wahr sein, der Vater ist jeden Tag da, und der Sohn bummelt.«

Daß der Sohn nicht das Leben des Vaters leben wollte, ein Leben ohne Liebe, an der Seite einer kranken, immer gleichgültiger werdenden Frau, ein Leben ohne Urlaub, ohne Ferien, ein Leben, dessen sechsten Teil man auf ein Auto spart, ein Leben ohne Ausbruch aus der Bahn, das kann sich Gotthard nicht vorstellen. »Ich hab immer nach der Devise gelebt, ehrlich währt am längsten. Der Sohn aber hat Schulden gemacht, um sich ein Auto zu kaufen, er hat gesoffen und sich eine Frau genommen, die immer nur nehmen wollte, aber nie geben.«

Jetzt ist Gotthards Junge bei der Reichsbahn untergekommen und hat eine neue Frau. Eine vernünftigere, wie sein Vater findet. Eine wie seine. Vielleicht fängt sich der Sohn wieder. »Er hatte ja früher eigentlich eine gute Meinung. Er hat die zehnte Klasse gemacht und wollte danach zur Staatssicherheit gehen. Aber dann plötzlich hat er das alles hingeschmissen.« Staatssicherheit hat in diesem Satz nichts Schlechtes. Es steht für eine ordentliche, regelmäßige Arbeit.

Die Morgensonne dampft langsam die Feuchtigkeit aus dem Boden, noch löst nicht jeder Fußtritt eine Staubwolke aus. Gotthard greift die Schienenzange und packt das vier Zentner schwere Gleisstück an seiner linken, vorderen Ecke. Seine drei Kollegen verteilen sich auf die anderen Enden. Als sie die Schiene anheben, reißt einer von ihnen schmerzhaft seinen schwarzen, zahnlosen Mund auf. Ein alter, dünner Mann mit gelbem Rauchergesicht. Die Arbeit ist viel zu schwer für ihn.

September 1992

Wollmamawidder

Heiko Hartmann und die Kokerbrigade der Magdeburger Großgaserei frühstücken

»Cabrio fahren mit dem Wind im offenen Haar«, träumt Juliane Werding aus dem staubigen, alten Sternradio. Ein Bild, das nicht von dieser Welt ist. Viel zu weit weg, um die stumpfen Augen zu beleben, die in den rußigen Gesichtern der Koker kleben. Draußen vor dem blinden Fenster nieselt ein dünner, schwarzer Regen auf Magdeburgs Industrierevier. Hinter den Augen der Kokerbrigade dampft es und brodelt, zischt, poltert, rumpelt und kracht. Meterhohe Flammen schießen plötzlich aus glühenden Löchern, Wasserfälle schäbigen, schmierigen Wassers ergießen sich auf heiße Koksberge. Auf dem Tisch dampft eine Glaskanne mit tiefschwarzem Kaffee.

Die Frühschicht frühstückt. Sie entflieht der Hölle in ihrem Vorhof. Ein rußiger, gekachelter Raum mit drei Sprelacarttischen, die genau wie die harten Holzschemel nie wieder richtig sauber werden. Auf den Tischen mit den abgestoßenen Ecken stehen drei leere Konservenbüchsen für Kippen. An der Wandzeitung hängt ein altes Tierbild, das einmal jemand aus der *Neuen Berliner Illustrierten* ausgeschnitten hat, die es schon seit Jahren nicht mehr gibt. Ein rußiger, vergilbter Uhu. Die vier Kollegen essen. Sie haben sich nichts zu sagen.

Die Augen von Heiko Hartmann sind tot. Der Junge ist neunzehn Jahre alt und fährt den Füllwagen. Ein schwarzes Ungetüm, das den Steinkohlenstaub auf die Koksöfen zu verteilen hat. Er fährt Ofenloch für Ofenloch ab und füllt den schwarzen Staub in rote Mäuler, damit Koks aus ihm wird. Seine Kollegen mögen den Jungen nicht. Sie hänseln ihn. Heiko Hartmann guckt sie dann aus seinen leblosen Augen verständnislos an. Er hat sich zwei belegte Brote mitgebracht, eins mit Leberwurst und eins mit Käse. Er verschlingt sie, ohne Hunger zu zeigen oder Genuß.

Die rote Pampe, die Peter Herrschaft aus einem Glas löffelt, sieht nicht gut aus. Ein Matsch aus Paprika, Tomaten, Öl und Senfkörnern. Man muß viel gewöhnt sein, um sowas zum Frühstück zu haben. Peter Herrschaft ist viel gewöhnt. Er ist seit dreißig Jahren im Betrieb. Eigentlich hat er Maurer gelernt, doch im Dreck der großen Gaserei konnte man auch ohne Berufsausbildung viel Geld verdienen. Viel hieß so etwa 1 500 Mark für einen Dienst im Vierschicht-Rhythmus. Herrschaft hat dreißig Jahre lang die Zeit stillstehen sehen. Als er hier 1962 anfing, sah es aus wie 1930, dem Gründerjahr der Großgaserei. Heute sieht es nicht anders aus als 1962. Darum ist Herrschaft so sicher, daß das Werk spätestens 1993 dichtgemacht wird. Er hat sich angesehen, wie man in den Kokereien von Salzgitter arbeitet. Seitdem weiß er, wie es steht.

Später, nach der Pause, wird er mit einem dicken achtundzwanzigjährigen Oliver-Hardy-Typ die Ofenklappen öffnen, wenn Heiko Hartmann mit dem Füllwagen kommt. Kein ungefährliches Geschäft. Denn das Gemisch entzündet sich augenblicklich. Schwelende gelbe Flammen lekken dann nach den beiden. Oliver Hardy und Herrschaft sind schnell. Sie tanzen mit langen Eisenstangen durch das Inferno. Danach lehnen sie am Geländer und rauchen. »Es ist ein Fehler, daß ich solange hiergeblieben bin«, denkt Peter Herrschaft. Seine Augen, die aus dem schwarzen Gesicht quellen, sind blutunterlaufen. So rot wie die Pampe in seinem Glas. Er löffelt das Zeug tapfer aus.

»Der Boss ist auch nicht mehr, was er mal war«, steht auf dem Kaffeetopf, der vor Heidi Pach dampft. Heidi Pach kocht den Kaffee für die Kollegen. Wortlos schenkt sie nach. Heidi Pach ißt zwei Stück Kuchen zum Frühstück. Sie fährt den Löschwagen. Eine Art Lokomotive, die Loren mit dem glühenden Koks unter dickbäuchige Behälter schiebt, aus denen zehntausend Liter Wasser schießen, um die heiße Fracht abzukühlen. Seit acht Jahren tut sie das, seit die Stelle in der Verwaltung, wo sie zuvor arbeitete, eingespart wurde. Sie weiß, daß das eigentlich kein

Job für eine Frau ist, aber damals brauchte sie das Geld für die Tochter, die in Berlin studierte. Die Tochter ist inzwischen mit dem Studium fertig und gleich in Berlin geblieben. Sie sehen sich heute nur noch sehr selten.

Heidi Pach glaubt immer noch, daß sie den Löschwagen nur übergangsweise steuert. Nach acht Jahren.

Jens Peter ißt abwechslungsreich: ein Schälchen mit Gurkensalat, zwei Volkornbrötchen und einen Becher Joghurt für hinterher. Er ist der einzige am Frühstückstisch, der noch Leben in den Augen hat. Als Peter vor zwei Jahren von seinem Armeedienst nach Magdeburg zurückkehrte, war seine Stelle als BMSR-Mechaniker abgewickelt. Er wollte arbeiten. Er hatte jede Menge Wünsche. Eine Gitarre, ein Auto. Also setzte er sich auf die Druckmaschine, die den glühenden Koks aus den Öfen in die Waggons drückt. Er glaubt, daß er bald was anderes tun wird. Was Niveauvolleres. Doch die Zeit, seine Kollegen und die Magdeburger Großgaserei arbeiten daran, daß Peters Blick stumpf wird.

Es gibt einige Gründe, warum es gut ist, daß diese brennende Ruine geschlossen wird. Jens Peters Kaffeenapf ist der bunteste von allen. »Oh, what a feeling!« steht drauf.

Nach zwanzig Minuten fällt das erste Wort. Peter Herrschaft, der Vorarbeiter, spricht es. »Wollmamawidder«. In wenigen Augenblicken werden sie wieder Bestandteil der Maschinerie sein. Sie werden funktionieren. Kohlenstaub einblasen, den Flammen entfliehen und zischende gelbe Dampfwolken entfachen. Sie werden Koks machen.

Heidi Pach räumt still die Kaffeetassen vom Tisch. Ihre »Boss«-Tasse, die bunte von Jens Peter und die farblosen Kantinentassen von Herrschaft und Hartmann.

September 1992

Nie verfluchte er die Maschine, die Firma oder Gott

Hans Reichenbacher verlor vor fünfundzwanzig Jahren seine rechte Hand in einer Presse

Der Gestank kennt keinen Feierabend. Er hat sich hier seit Jahrzehnten eingenistet und nicht die geringste Lust abzuhauen. Er begrüßt dich, wenn du die holprige Pflasterstraße kurz vor der Eisenbahnbrücke verläßt, nach rechts in den unscheinbaren schmalen Weg fährst, der zu den Lederwerken Weida führt. Er schwappt durch die undichten Ritzen deines Wagens und klammert sich in deiner Nase fest. Es ist ein beißender, salziger, wurstiger Gestank, ein Geruch zwischen Leben und Tod. Er wird immer stärker, je näher du kommst. Er wird immer schwächer, je länger du bleibst. Die Lederwerker von Weida nehmen ihn nicht mehr wahr. Kann sein, daß dieser permanente unmenschliche Geruch über die Nase den Weg ins Gehirn findet und ihm sagt: He, es gibt Schlimmeres als dein kleines Problem hier, verstehst du.

Es ist Freitag nachmittag in Weida. Bei den meisten Leuten der kleinen thüringischen Stadt löst das keine Vorfreude mehr aus. Sie haben nichts mehr, von dem sie sich am Wochenende erholen können. Die knappe Hälfte der Weidaer ist arbeitslos. Die Lederwerke sind der einzige große Arbeitgeber der Stadt, der die Wende überlebt hat. Die Lederwerker machen pünktlich Feierabend. Damit am Montag noch Arbeit da ist.

Die letzten Häute rattern auf großen Bügeln wie Jacketts in einem Konfektionsbetrieb durch die Halle. Hans Reichenbacher greift in die gegerbte Haut und reibt sie prüfend zwischen den Fingern. Er streichelt sie sanft und wissend. All sein Gefühl für das Leder legt er in seine linke Hand. Die rechte sieht aus wie ein umgestülpter Handschuh und steckt in einer weichen, hellen Ledermanschette. Sinnlos baumelt sie am Arm des vierundfünfzigjährigen Mannes.

Es war Anfang Juli 1960, und es war ein Montag. Reichenbacher arbeitete gerade zwei Wochen im Lederwerk. Er hatte den Wismut-Bergbau verlassen, weil seine Mutter meinte, das sei zu gefährlich für ihren Jungen. Sie stellten ihn an die Bügelpresse. Die Presse hatte eine Macke, das wußten alle im Werk. Manchmal funktionierte sie, und manchmal spielte sie verrückt.

Hans Reichenbacher war schnell genug, seinen rechten Arm zu retten, der bis zur Schulter in der Presse steckte, doch er war zu langsam für seine rechte Hand. Ein Druck von drei Tonnen stampfte gemeinsam mit einer Temperatur von achtzig Grad auf sie ein. Reichenbacher hatte vor einem Jahr geheiratet, seine Frau war im neunten Monat schwanger. Daran dachte der zweiundzwanzigjährige, als sich die Bügelpresse wieder hob und einen ersten Blick darauf zuließ, was von seiner Hand übriggeblieben war.

»Die Kollegen haben überhaupt nicht mitbekommen, was mit mir los war. Ich hab mir die blutende Hand zugehalten und bin rüber in die Sanitätsstelle gerannt. Die haben mich dann sofort in die Poliklinik gefahren. Ich hab' die ganze Zeit keinen Schmerz gespürt. Ich hab nur daran gedacht, ob ein Mann ohne rechte Hand ein richtiger Familienvater sein kann. Ich habe meine Frau so sehr geliebt und mich wie wahnsinnig auf das Kind gefreut. Erst in der Klinik, als sie die Hand geröntgt haben, kamen der Schmerz und die Tränen.«

Reichenbacher bekam niemals Wut auf sein Werk. Nicht einmal im Krankenhaus, wo er ein halbes Jahr lag, während seine Frau zu Hause die Tochter stillte, verfluchte er die Maschine, die Kollegen oder Gott. »Ich hab gedacht, sowas kann eben mal passieren. Ich war ja nicht der erste, der unter die Bügelpresse kam. Im Jahr zuvor war das schon vier Kollegen passiert.« Mit dieser Ergebenheit kämpfte sich der Mann durch sein Leben, ohne Depressionen zu bekommen.

Er fand heraus, daß man auch ohne funktionstüchtige Rechte einen Familienvater abgeben kann. »Es ist manchmal ein bißchen erniedrigend, wenn man bei den kleinsten Arbeiten jemanden zu Hilfe rufen muß. Aber, was hilft das.« Zwei Jahre nach dem Unfall zeugte er sein zweites Kind, er lebt noch heute mit seiner Frau zusammen. Er ist

glücklich. Gerade kam er aus dem vierwöchigen Jahresurlaub zurück. Er hat ihn im Garten vor seinem Haus verbracht.

Ein einziges Mal wehrte sich Reichenbacher. Er hatte wieder bei den Lederwerken angefangen. Sein Körperschaden wurde auf sechzig Prozent taxiert, genug für einen Schonarbeitsplatz. Aber ein dreiviertel Jahr später wollten sie ihn wieder an die Bügelpresse schicken. »Ich hab' gesagt: Nein, das mache ich nicht. Da könnt ihr mich rausschmeißen, aber da geh' ich nie wieder ran. Die Kollegen haben das überhaupt nicht eingesehen. Sie haben mir erklärt, daß da jetzt eine neue, sichere Presse steht. Sie haben nicht verstanden, daß ich dort nicht mehr arbeiten *kann*.«

Bis 1990 erhielt Reichenbacher jeden Monat zweihundertzehn Mark Schwerbeschädigtenrente. Jetzt sind es sechshundert. Eine Abfindung oder ein Schmerzensgeld hat er nie bekommen. »Der Wolf, Manfred, der mal in die Abwalkpresse gekommen war, hat im vorigen Jahr eine Abfindung gekriegt. Da bin ich dann auch mal hingegangen. Die haben gesagt, ich komme zu spät. Andererseits hat's den Wolf, Manfred auch viel härter erwischt. Der ist bis zum Ellenbogen in die Presse geraten. Total verkrüppelt, sage ich Ihnen. Der hat das Geld eher verdient.«

Reichenbacher streicht sich über den umgekrempelten Handschuh, der einmal seine Hand war. Die Ledermanschette, die er darüber trägt, erfüllt keinen praktischen Zweck. Er zieht sie nur im Betrieb über, weil er glaubt, er sei es seiner Hand schuldig. Sie soll sich geschützt fühlen, sagt Reichenbacher.

Dort, wo der Gestank am stärksten ist, stehen vier Männer und rauchen. Es ist das alte Fachwerkhaus, in dem die rohen Kuhhäute lagern. Braune und schwarz-weiß gefleckte, augenlose und entleerte Kühe, auf denen sich Fliegen und Wespen tummeln, liegen schichtweise auf splittrigen Holzpaletten. Wenn man sie aufschlägt, springen einem die Maden ins Gesicht. Der Job der vier Männer ist, sie aufzuschlagen und zu stapeln. »Eine Haut wiegt fünfzig Kilo. Wir machen die schwerste Arbeit und kriegen das wenigste Geld. 1 200 Mark im Monat«, raunt ein großer Dicker und schnippt seine Kippe ins Freie. »Aber jetzt ist Feierabend. Lassen Sie uns zufrieden.« Ächzend schließen sie die hohe Holztür des Rohhäutelagers.

Sie machen diesen Job für dieses miese Geld. Der Gestank sagt ihrem Grips: Reg' dich nicht auf, Mann. Es kann schlimmer kommen.

September 1992

Zehn leere gegen zehn volle

Achim Schwarz, Held der Arbeit, wartet, daß es dunkel wird

Bugs bunny ist zu lustig. Viel zu lustig. »Simsalabim«, quäkt er und schwingt einen Zauberstab. Das milde Morgenlicht, das durch die Gardinen quillt, läßt den Hasen blaß aussehen. Joachim Schwarz wirkt nicht viel frischer. Die schale Fahne, die zwischen uns liegt, klärt den Sachverhalt. Wir müssen nicht darüber reden, und er muß sich nicht zusammennehmen. »Das schönste ist, daß ich jetzt ausschlafen kann«, erklärt er. Doch wir wissen beide, daß es nicht der Schlaf ist, der sein Gesicht so auftrieb. Schwarz knallt den quasselnden Trickfilmhasen mit der Fernbedienung ab.

Es ist nicht viel, was ein Arbeiter zurückläßt. Bei Achim Schwarz paßt es in die Glasvitrine einer matt glänzenden Schrankwand. »Alles selbst geblasen. Naja, kleiner Klipperkram«, sagt er. Ein paar »Asbach-Uralt«-Weinbrandschwenker stehen in der Vitrine, Tierchen aus Glas und kleine Stiefel. »Haste jetzt auch nichts mehr davon«, greint seine kranke Mutter aus der Küche. »Jetzt, wo de keine Arbeit mehr hast.« Als sie den traurigen Blick ihres Sohnes fängt, räumt sie ein: »Laß mal Achim. Ist ja wenigstens 'ne Erinnerung.«

Zweiundvierzig Jahre lang hat Achim Schwarz im Glaswerk Jena gearbeitet. Zweiundvierzig von sechsundfünfzig Jahren Leben. Am 30. Juni schickte das Werk den Glasbläser in Vorruhestand. Seitdem sitzt er vorzugsweise in einer raschelnden Jogginghose und einem Campinghemd in der wuchtigen Couchgarnitur vor dem Fernsehgerät. Wenn er nicht gerade die Grünanlagen vor dem Haus pflegt. Oder beim Getränkehändler Nachschub holt. »Was willst'n machen?« fragt er. Genaugenommen ist es keine Frage.

Er steigt nicht mehr auf den Berg, wo seine alte Fabrik

steht. Er will sich nicht wehtun. Nur mir zuliebe gehen wir durch die Schranke der Jenaer Glaswerke. Die ZIL-Hütte, in der Schwarz sein Arbeitsleben verbrachte, ist ein dunkles Loch. Ein paar Männer ziehen aus einem ringförmigen Ofenkarussell leuchtende Glasklumpen. Willfährig fließen die plumpen, roten Glasballen in die Gestalt von Teekannen, Kerzenhaltern und Aufsätzen für Petroleumlampen. Schwarz wartet im Schatten darauf, daß sie ihn erkennen.

»Mensch, Achim«, ruft jemand. Ein paar der Glasmacher kommen und begrüßen ihn, erzählen, daß die Hütte wohl bald dichtmachen wird, und fragen, wie es denn geht. Doch fünf Minuten später steht Schwarz ihnen schon wieder im Weg. »Mensch, paß doch auf, Achim, wir arbeiten hier«, schnauzt ihn ein junger Mann an. Schwarz murmelt was von »junger Spund« und verschwindet.

Das Werk unterhält einen kleinen Laden, in dem es seine Erzeugnisse ausstellt und verkauft. Teeservice, Kuchenformen, Töpfe, Pfannen, Gläser und sowas. Das Geschäft hat sich in Schwarz' Abwesenheit in eine durchgestylte Boutique mit Marmorfußboden verwandelt. Hinter dem eleganten Verkaufstisch steht ein eleganter Verkäufer. Schwarz' Fahne streicht durch die Exponate. Das Was-kann-ich-für-Sie-tun? ist scharf wie ein Industriediamant. Schwarz geht auf den Mann zu und haut ihm freundschaftlich auf die Schulter. »Ach, ich hab' hier mal gearbeitet und seh' mir das an, wissen Sie. Wie lange sieht denn das schon so gut aus?« »In dieser repräsentativen Form seit April 92«, erklärt der Verkaufsleiter und schüttelt Schwarz' Arm ab. »Wir haben hier schließlich Gäste aus aller Welt.«

»Und nicht solche Penner wie du«, schicken seine Augen hinterher. Der Mann heißt Karl Heinz Hugh und war vor der Wende wissenschaftlicher Assistent bei einem der unzähligen Leiter. Hugh hat von Männern wie Schwarz gelebt. Er hat keine Ahnung von Glas. Warum zum Teufel gewinnen immer nur die Arschlöcher?

Vor dem Getränkeladen hat der gütige Händler eine Bank und einen Gartentisch aufgestellt. Leider werden die Abende kühl. Schwarz stöhnt leise, als der erste Underberg in ihn läuft. Dann geht es. Die zehn leeren Bierflaschen in seinem Weidenkorb haben sich in volle verwandelt. Schwarz wartet auf den Abend. Es wird ein Fußballspiel im Fernsehen geben. Leider beginnt es erst um zehn.

Es gibt ein Foto aus besseren Zeiten. Schwarz hat es in einen schmalen Rahmen gesteckt. Es ist ein Heldenbild. Am 5. Oktober 1984 erhielt Hans-Joachim Schwarz die Auszeichnung »Held der Arbeit«. Er wurde früh mit dem Auto abgeholt und erst nach Mitternacht wieder nach Hause gefahren. Dazwischen gab es ein großes Bankett im Palast der Republik, ein paar Reden und jenen feierlichen Augenblick, den das Foto festhält. Erich Honecker gratuliert Achim Schwarz. Honecker spitzt die Lippen, wie man es kennt. Schwarz hat einen neuen, dunklen Anzug an. Er ist ein Held.

Er war der einzige im Betrieb, der diese Auszeichnung bekam. Warum, weiß er bis heute nicht.

September 1992

Moni iss in ihren Suff uff Strümpe los

Polizeiobermeister Thiemann sucht eine hilflose Person

Moni ist weg. Wir haben in der Husemannstraße nachgesehen, in der Storkower, Ostseestraße und auch Ecke Greifswalder vor Kaiser's, wo man sie oft trifft. Aber wir fanden nur den bleichen Freddy, den einbeinigen Zweig und Voll, der bis über beide Ohren tätowiert ist, sowie jede Menge dreckigen Schnee. Moni ist abgetaucht, verschwunden, verschollen. Ab und zu hustet das Funkgerät eine Nachricht aus, die zu Moni paßt. Eine Hilflose im Schnee, eine geklaute Flasche Steinhäger, eine beleidigte Verkäuferin.

Und natürlich kennen sie auf dem Abschnitt einen Sackvoll Geschichten über Moni. Welche von früher und welche von heute. Traurige, unappetitliche und unglaubliche.

Polizeioberrat Kussack leitet den Berliner Polizeiabschnitt 77 und sieht eigentlich aus wie ein Mann, der nicht gern um den heißen Brei redet. Breite Schultern, breites Grinsen. »Unser Abschnitt hier, wie überhaupt der Prenzlauer Berg, ist, wie soll ich sagen, aus sozialem Blickwinkel gewissermaßen, eher schwach besattelt. Wir haben viele Arbeiter hier, was so nun auch nicht stimmt, weil die meisten ja gar keine Arbeit haben, nicht wahr.« Kussack macht eine kleine Pause, in der er mit dem Durcheinander hadert, das er da eben erzählt hat. Kussack strafft die Schultern. »Um mal ganz ehrlich zu sein, hier wird unheimlich viel gesoffen. Wir haben in unserem Abschnitt eine alkoholkranke Kundschaft, davon träumen andere Polizeiabschnitte nur. Und genauso sieht dann auch unsere Arbeit aus. Jetzt, wo es so kalt wird, wärmen sich die Leute natürlich viel in den Kaufhallen auf. Und, wenn sie schon mal drin sind, lassen sie auch mal 'ne Flasche mitgehen. Wir haben da schon einen Haufen Kandidaten, die uns immer wieder beschäftigen.«

POLIZE

Moni zum Beispiel. »Die iss neben Sylvia aus der Marienburger echt die schärfste Alkoholikerin im Kiez«, sagt Polizeiobermeister Thiemann. »Moni haben wir mindestens zwei bis dreimal die Woche im Streifenwagen«, ergänzt Polizeimeister Knut Jakob. Und Michael Demus, der schon als Volkspolizist in Prenzlauer Berg Streife lief, erklärt: »Moni iss 'ne Suffnudel, die kenn' ick mindestens seit 1988. Damals hat se sich mal an de Protokollstrecke gestellt, und als Honecker vorbeifuhr, hat se den Pullover ausjezogen. Mit nischt drunter. Da war die Hölle los. Die haben alle gedacht, dit war politisch gemeint. Aber Moni ist einfach fertig uff de Röhren.«

Am Dienstagabend konnte Moni das Taxi nicht bezahlen, mit dem sie sich großkotzig von der Schönhauser zur Ostseestraße chauffieren ließ, Mittwoch hatte sie noch einen Ladendiebstahl. Seitdem hörte man auf der Wache nichts mehr von ihr. Doch das beunruhigt nun wirklich keinen.

Polizeiobermeister Boestel glaubt, daß wir Moni vielleicht in der Storkower finden, wo Freddy wohnt. Da sei sie zuletzt häufig gewesen. Da müssen wir später sowieso hin, weil Unbekannte Freddys Tür schwarz angemalt haben. Boestel führt den Streifenwagen durch den Kiez und gibt ein paar kriminalistische Hinweise. In der Kaufhalle Winsstraße beispielsweise werde ziemlich viel geklaut, jede Menge Schnaps natürlich, aber auch Batterien, Schokolade, Glühbirnen und Seife, sagt Boestel. »Und die armen Schweine, wie Moni, stecken sich natürlich auch Wurst und Käse ein.«

Boestel weiß zu jeder Ecke, die wir anfahren müssen, eine Geschichte. Husemann-/Naugarder Straße zum Beispiel, wohin der Streifenwagen jetzt zu einem leichten Verkehrsunfall gerufen wird. Genau da stand vor etwa einem Monat ein Mann. Mitten auf der Straße. Er drückte sich mit beiden Händen ein großes Messer, eine Art Hirschfänger, auf den Bauch und drohte damit, sich umzubringen. »Die Arbeit weg, die Frau weg, angefangen zu saufen, dit Übliche«, erinnert sich Boestel. Sie haben eine Stunde lang auf ihn eingeredet, bis der Mann, ein Koch übrigens, erst zweiunddreißig Jahre alt und »ordentlich angezogen«, das Messer fallen und sich abtransportieren ließ. »Ich glaube, der kam gleich nach Herzberge«, sagt Streifenführer Boestel.

Es dauert ein wenig, bis Freddy seine Wohnungstür gefunden hat. Er hat sie hinter einer dicken, alten Decke versteckt, die wenigstens die Zugluft abhalten soll, wo er schon keine Kohlen mehr zum Heizen hat. Jedenfalls hat er wahrscheinlich keine Kohlen mehr. Er hat nicht nachgesehen. Freddy geht nicht mehr aus der Wohnung, seit einem Jahr nicht mehr. Vielleicht auch länger, er weiß es nicht. Er muß blinzeln, als er durch den Türspalt sieht, obwohl es in dem Hausflur nicht gerade hell ist.

»Kommt rin, kommt rin«, bittet er die Polizisten in einen Raum, der von einem flimmernden Schwarzweißfernseher, einer glimmenden Zigarette und einem Hauch Tageslicht beleuchtet wird und riecht wie der Müllschluckerraum in einem schlampig verwalteten Hochhaus.

Die schwarzen Schmierereien an seiner Tür? Welche? Oh, die hat er gar nicht gesehen. »Nich so schlimm, nich so schlimm«, sagt er schnell. Er will ja keinen Ärger haben. Freddy ist vierundsechzig Jahre alt, leichenblaß und ein leiser, höflicher Mensch. Er fragt, ob er sich hinsetzen darf. »Mir iss irgendwie schwummrich.«

Moni? Die sei gestern Vormittag – oder war es abends – plötzlich rausgerannt. Weg. »Moni iss in ihren Suff uff Strümpe los. Dit passiert manchmal, wenn se gesoffen hat. Aber jetzt iss ja besonders schlimm. Wegen die Kälte.« Er habe dann noch mit Christian, dem Bekannten von Moni, »ein bißchen gesessen«, dann, vielleicht auch am nächsten Morgen, habe Christian Monis Pelzjacke und die Schuhe mitgenommen, sei weggegangen und nicht mehr wiedergekommen. »Ick mach mir ja och schon Sorgen«, sagt Freddy.

Bei welcher Gelegenheit er Moni kennengelernt hat, weiß Freddy nicht mehr. Jedenfalls zu Zeiten, als er noch Miete und Strom bezahlt hat. Damals, als er noch ein gutes Verhältnis zu seinen Nachbarn hatte und manchmal auf die Straße rausging.

Moni machte ab und zu sauber, räumte auf, brachte auch mal zu essen, zu trinken und zu rauchen und gelegentlich einen Bekannten mit. Christian zum Beispiel, der sie manchmal verprügelt, was Freddy nicht so gut findet. Andererseits hat Christian versprochen, ihn mal zum Sozialamt zu begleiten, damit er endlich die Miete bezahlen kann. »Vielleicht Freitag«, sagt Freddy. Wieso nach all den Jahren gerade Freitag? »Weil Mittwoch zu iss, globe ick«, antwortet er. Den vertrockneten Blumenstrauß auf seinem Schrank hat ihm Moni geschenkt.

Draußen vor der Tür laufen Sven-Detlef Voll und Frank Pantel vorbei. Es ist ein schöner klarer Vormittag, sie haben bei Kaiser's ein paar Schachteln Kippen geholt und zwei Fischbüchsen, Pantel hat eine Granate in der Jacke, und die Luft zwischen uns riecht so, als sei sie bereits offen. Klar kennen sie Freddy und auch Moni, Pantel hat sogar schon mal Freddys Wohnungstür eingetreten. »Die Kleene hat drinne jeschrien wie am Spieß, weil ihr Oller se vertrimmt hat. Die sah grün und blau aus. Früher wärste wegen sowat gleich abjegangen.«

Pantel weiß, wovon er redet. Er ist bis zur Halskrause volltätowiert, sein Kumpel Sven-Detlef sogar noch höher. Die Augenlider sind zu, und auf der Backe trägt er einen blauen Schlumpf. Seit der Amnestie 1990 sind beide draußen und ohne Arbeit. Sie sind jetzt »ordentliche Bürger«, sagen sie, und hätten sich sogar fast mit Polizeiobermeister Boestel zusammen fotografieren lassen, fürchteten dann aber, Ärger mit ihren Kumpels zu kriegen. »Schließlich war ick neunzehn Jahre im Bau«, erklärt Voll und haut Obermeister Boestel »nischt für unjut« freundschaftlich auf die Uniform. Pantel sagt noch: »Mensch, olle Freddy hat doch keene Hoffnung mehr. Manchmal kann ick mich richtig in die alle rinfühlen.«

In der Wache ist ein bißchen Ruhe eingekehrt. Ein paar hacken ihre Berichte in Erika-Schreibmaschinen-Monster, andere trinken Kaffee. Es wird über fehlende Vordrucke geredet, das Antiblockiersystem der drei neuen Funkstreifenwagen, die sie jetzt bekommen haben, wird gelobt, und Wachleiter Stefan Hofmann beschwert sich aufgeräumt bei Polizeimeister Demus: »Warum hast du mir keine China-Pfanne von Streife mitgebracht, Micha?« Es wirkt fast ein wenig unangemessen, als Hofmann erklärt: »Ja, wir hier im Prenzlauer Berg haben schon ganz schön zu kämpfen.« Aber seine Kollegen füllen die Behauptung mit Leben.

Einer erzählt, daß ihn Anfang der Woche in der Kneipe »Stop 7« eine angetrunkene Frau mit einer Hundeleine verprügelt habe. Thiemann berichtet von »olle Günther Ziehfuß«, der ihn vor anderthalb Jahren mal angegriffen habe. »Da hatte Günther noch achtzig Kilo. Vor ein paar Wochen hab ick ihn tot in seiner Wohnung gefunden. Zwanzig Kilo waren noch übrig, die Leber total zerfressen und Arme so dünn wie Bleistifte.« Sie erzählen von Leichen, aus denen die Maden krochen, zerschmetterten Schädeln, geplatzten Augen, abgerissenen Armen. Und Michael Demus berichtet, wie Monis Bruder starb.

»Dit war genau so ein Suffke wie Moni. Im letzten Sommer hat er im Tee an die Tür seiner Schwester gekloppt. Die saß drin mit dem Vater aus Oranienburg und hat gesoffen. Wat sonst. Sie haben einfach nicht aufgemacht. Da hat er versucht, in seinem Suff, im vierten Stock vom Hausflurfenster rüberzuklettern zur Küche und ist abgestürzt. Drinnen haben die nichts mitbekommen. Wir haben ihn später gefunden, geklingelt und der Schwester gesagt, daß ihr Bruder tot ist. Da haben se gleich die nächste Flasche aufgemacht.«

Es gibt eine »Hilli« in der Kaiser's Kaufhalle, Greifswalder Straße, sagt das Funkgerät. »Hilli ist eine hilflose Person«, erklärt Streifenführer Oliver Thiemann. »Jemand, der ohne unsere Hilfe nicht mehr auf die Beine kommt. Ick nenne sie immer Schicksale.« Das »Schicksal« in der Kaufhalle ist nicht Moni, es ist Heinz Zweig. Er sitzt auf der Heizung der Kaufhalle und läßt das eine Bein baumeln, das er noch hat. In der Hand hält er ein Stück Quarkkuchen, neben ihm steht eine halbleere Flasche »A&P-Korn« und vor ihm die Filialleiterin Christine Jaskulka.

Eine blöde Situation. Draußen ist es bitterkalt, und Heinz Zweig scheint ganz friedlich zu sein. »Es haben sich Kunden beschwert«, sagt Frau Jaskulka leise. »Wenn er doch bloß nicht immer so krakeelen würde.« Heinz Zweig sitzt vergnügt auf der Heizung und mümmelt an seinem Kuchenstück. Das umgeschlagene Hosenbein, in dem der Stumpf steckt, ist ein bißchen vollgepinkelt. Obermeister Thiemann streift sich die Hygiene-Handschuhe über. »Komm Heinz, iß in Ruhe uff, und dann gehen wir zusammen raus, ja?« Heinz kaut eine Idee langsamer. Er grient.

Später im Auto gesteht Thiemann, daß ihm das ja leid tue, die Leute bei der Kälte rauszuwerfen. Gerade, weil Heinz Zweig ja ein so »bekanntes Schicksal« sei. »Fast schon ein Denkmal.« Aus dem Funkgerät krächzt eine Polizistenstimme, daß sie eine »Hilli« in die Charlottenburger Straße nach Weißensee verbracht hätten. »Die pennt jetzt.«

Es wird ein bißchen dicker. Ein Scheckbetrüger auf frischer Tat, eine versuchte Brandstiftung in der Rykestraße, ein leichter Verkehrsunfall auf der Storkower. Im Bötzowviertel glaubt ein Geschäftsbesitzer, in einer Kneipe einen Mann erkannt zu haben, der ihm gestern 1 500 Mark seiner Einnahmen geklaut hat. Der Beschuldigte ist sturzbetrunken, streitet zunächst alles ab, ist dann bereit, das »Restgeld« zurückzugeben. Es sind noch zweihundertzwanzig Mark da.

Bis zum Schluß ist sich Thiemann sicher, daß wir Moni finden. »Entweder sie macht selber Scheiße, was am wahrscheinlichsten ist, oder wir sehen sie.« Wir fahren alle möglichen Adressen ab, wo sie oder ihre Bekannten oft sind. Husemann-, Lychener, Ostsee-, Storkower, Greifswalder und Erich-Weinert-Straße. Ohne Ergebnis. »Dann finden wir sie eben morgen oder übermorgen«, sagt Thiemann. »Irgendwann taucht Moni wieder uff.«

Polizeimeister Michael Demus hat noch einen Tip. »Geh mal morgen früh 7.30 Uhr zu Imbiß Hohnke in die Dimitroff. Da nimmt Moni immer ihren ersten Schluck. Sie ist ein Meter fünfundsechzig, hat Jeans an und einen Ost-Anorak, braune Haare und wenig Zähne. Sie ist Anfang fuffzig und sieht aus wie siebzig«, sagt Demus. Und dann: »Und sie iss im Grunde 'ne Seele von Mensch.«

Doch auch zu Hohnke kommt Moni am nächsten Morgen nicht. Die Frau, die die belegten Schrippen verkauft, hat sich oft genug über Moni geärgert. Aber jetzt, wo sie wegbleibt, macht sie sich natürlich Gedanken. Es sei ja immer schlimmer geworden mit dem Trinken, sagt sie. Sie habe was von Krankenhaus gehört. Aber auf die Quellen, die sich in Monis Nähe aufhalten, könne man sich ja nicht verlassen. Sie hofft, daß es das Krankenhaus ist.

November 1993

»Ost-Ost-Ost-Berlin!«

Kompotti und seine Freunde haben nur eine Liebe: den 1. FC Union Berlin

Kompotti weiß, was er sagt, wenn er von Widerstand spricht. Er hat seit 1976 ganze fünf Spiele verpaßt. »Dreimal auswärts und zweimal heim war ick krank gewesen.« Er hat den »Zwangsabstieg gegen Chemie Leipzig« mitgemacht und auch die ganzen anderen »Unterdrückungsdinger«. Die Widerstandsarbeit hinterließ ihre Spuren an Kompotti. Auf seinem kurzrasierten Schädel drängeln sich die Narben, und wenn er lacht, erkennt man im Oberkiefer einen einsamen Einser. Glücklicherweise, oder auch leider, hat der 30jährige Eisenbahner augenblicklich nicht so sehr viel zu lachen. Kompotti ist Unioner.

Die Zeit, in der der Liga-Ausschuß des Deutschen Fußball-Bundes über die Zukunft des 1. FC Union Berlin beriet, war schlimm für Kompotti. »Ick konnte kaum noch schlafen. Und och sonst war allet Kacke.« Am Tag, als die endgültige Entscheidung fallen sollte, wurde dieser Zustand unerträglich. Kompotti machte sich auf den Weg in die Geschäftsstelle seines geliebten Fußballvereins. »Ick hab mir gedacht, zusammen warten tut nich so weh.«

Im Zigarettennebel, der im Foyer stand, erkannte Kompotti seine alten Kampfgefährten aus unzähligen Auswärtsspielen in Thale, Wernigerode und auch Senftenberg. Sie saßen da, dachten an wichtige Tore, Aufstiegsspiele und ihren alten Feind BFC Dynamo, sie rauchten und hörten schließlich die schreckliche Nachricht aus Frankfurt: Der DFB entzieht Union die Lizenz für die 2. Bundesliga. Stattdessen soll nun die verhaßte Konkurrenz von Tennis Borussia Berlin aufsteigen. Tennis Borussia Westberlin.

Hier im Foyer, im Qualm, wo in wunden und müden Fan-Seelen sonnengebräunte Westmanager mit gut gefüllten Geldkoffern, korrupte DFB-Funktionäre und bestochene Schiedsrichter gemeinsam zur Olympia-Hymne von Tennis-Borussia-Präsident und Schlagerfuzzi Jack White tanzen, wurde der alte Widerstandsgeist neu geboren. »Trotz Mauer, Stasi, Stacheldraht – gemeinsam sind wir alle stark.«

Die Begründung für den Lizenzentzug war eindeutig. Die Union-Funktionäre sollten eine Bankbürgschaft gefälscht haben. Der DFB fühlte sich betrogen. Aus und Schluß. Doch die Fans witterten Verrat. Der 1. FC Union Berlin, das war irgendwie allen Beteiligten im Foyer der Geschäftsstelle und draußen an den Radioapparaten klar, ist kein schlichtes Fußballproblem mehr. Nicht mehr. Wieder einmal. Früher paßte man den Kommunisten nicht ins Konzept, heute störte man das Großkapital. Union als Spielball höherer Mächte. Union, das Sandkorn im Getriebe. »Wir wollten ein paar Minuten mit unserer Trauer allein sein«, erinnert sich Tino Czerwinski. Doch nur wenig später fand auch er sich mitten in der ersten »Aktion«. Eine spontane Straßensperre auf der Köpenikker Bahnhofstraße. Weitere sollten folgen.

Während des vielbesuchten Probetrainings der Union-Fußballer am folgenden Sonntag verlas Tino Czerwinski eine Art offenen Brief, in dem er die Stimmung der anwesenden tausend Besucher mit einem Satz auf den Punkt brachte: »Für viele war es (Unions Aufstieg – d.A.) nach der Maueröffnung das zweite Wunder in kürzester Zeit.« Wenig später gab es eine weitere »spontane« Straßensperre auf dem Adlergestell, deren Wirkung allerdings durch den Stau, in dem sie stattfand, etwas geschmälert wurde. Wenigstens trugen sich ein paar Verkehrspolizisten in die Protestlisten ein.

Am Montagabend folgte eine kurze, verregnete Demo vor dem Roten Rathaus, in deren Verlauf sich der Regierende Bürgermeister Eberhard Diepgen vor die Tür begab, um den Fans ein paar seiner berühmten, sanften und völlig nichtssagenden Unverbindlichkeiten zuzurufen, ein paar volltrunkene Punks auftauchten, die dachten, hier ginge es »irgendwie gegen Nazis«, ein Westberliner Fan namens »Pepe« Mager den Demonstranten über seine mitgebrachte Verstärkeranlage riet: »Macht jetzt bloß keene Kacke, weil dit dem Verein letztlich nur schaden tut«, und

BERLIN
UNION

die entrollte, zehn mal fünfzehn Meter große und 1 500 Mark wertvolle, weiß-rote Fahne reichlich naß wurde. Dienstag und Mittwoch gingen vor allem für Unterschriftensammeln drauf. Am Donnerstag wurde die klamme Fahne auf der Außentreppe des Kaufhofes aufgezogen sowie die zehntausendste Unterschrift eingefahren. Tags darauf organisierten die Fans ein Kleinfeldfußballspiel auf dem Alexanderplatz.

Zwischendurch fanden sich die treuen Unioner immer wieder im Foyer der Geschäftsstelle in der Köpenicker Hämmerlingstraße ein, um die nächsten Aktionen zu koordinieren, die Unterschriftenlisten zu stapeln, sich die Seelen zu wärmen und eine Meinung zu bilden. Unklarheit beispielsweise herrschte darüber, ob der letzthin vielgesungene Union-Schlachtruf »Ost, Ost, Ost-Berlin« angemessen ist oder nicht. Einerseits ist den meisten klar, »dit wir hier vom Westen voll über den Tisch gezogen werden«. Tino Czerwinski sagt: »Wir kriegen doch ein Viertel der Unterschriften von Leuten, die vor allem gegen die Westmachenschaften sind.« Und Kompotti assistiert: »Manche alte Omis, die bei mir unterschrieben haben, konnten kaum noch kieken.« Aber andererseits gibt es im Westen auch Hertha BSC. Und Hertha und Union halten, wie man einem bekannten, Fußballied entnehmen kann, zusammen »wie der Wind und das Meer, das Meer«.

Man muß da differenzieren, erläutert Carsten Utke, und Tino Czerwinski ergänzt: »Ostbezogenheit nutzt uns gegen Tennis Borussia gar nischt. Mit den Puhdys und Frank Schöbel können wir gegen Franz Beckenbauer nämlich nischt ausrichten. Und der ist ein Kumpel von Jack White.« Trotzdem. In der letzten Woche, vor allem auf dem Alex, haben sie sich gefühlt wie damals am 4. November. »Ein totalet Wendegefühl«, beschreibt Thomas Vinzens. Carsten Utke, der ein Hochschulstudium hat, sagt: »Die ganze Sache mit Union ist ein Spiegelbild der gesellschaftlichen Probleme.« Tino Czerwinski kann inzwischen wirklich nicht mehr ausschließen, daß eine der nächsten »Aktionen« vor dem Springer-Hochhaus stattfindet. »Die stecken doch alle mit dem Jack White unter einer Decke. Kieken Sie sich doch die Anti-Union-Berichte in der *BILD-Zeitung*, der *BZ* und der *Morgenpost* an.«

Vieles von dem, was die Fans da mutmaßen, würde Pedro Brombacher wohl auch gern mal sagen. Herausschreien würde er es, am liebsten der Presse in den Block diktieren. Aber er darf nicht. Denn Pedro Brombacher ist Manager bei Union und hat die schicksalhafte Bankbürgschaft ins Fax-Gerät gesteckt. Da will er dem Verein verständlicherweise nicht auch noch die letzte Chance bei den Frankfurter DFB-Richtern durch vorlautes Gerede versauen. Schließlich läuft die Berufung.

So kann der Union-Vorstand die Aktionen der Fans nicht offiziell mittragen, und Pedro Brombacher beantwortet ernstgemeinte Fragen mit solchen Sätzen: »Zum Denken komme ich im Augenblick überhaupt nicht.« Während sein Campinghemd, das Vorwende-Brillengestell sowie sein Duett-Päckchen ihre Version erzählen, behauptet Pedro Brombacher: »Daß wir mit dem Union-Problem mitten in den Ost-West-Konflikt geraten, gefällt mir gar nicht.« Wenigstens zu einer halbherzigen Drohung holt der Manager noch aus. »Eine Entscheidung gegen den 1. FC Union dürfte dem politischen Klima in der Stadt und auch der Olympia-Entscheidung nicht sonderlich zuträglich sein.«

Eine Treppe tiefer, im Foyer der Geschäftsstelle, kann man das etwas deutlicher hören. Von Olympiafahnen, mit denen man sich künftig die Hintern abwischen werde, geht die Rede, davon, daß man für nichts mehr garantieren könne, von Schlachten im ersten Heimspiel Tennis Borussias und von BFC-Hooligans, die nur darauf warten, Unions Interessen zu vertreten. Dann bringt ein Mädchen Solidaritätsfaxe von Fanprojekten aus Bochum, Nürnberg und Hannover, und Tino Czerwinski gesteht: »Ick kriege schon wieder Gänsehaut.«

Sie sitzen und warten und freuen sich über jede Unterschriftenliste, die ehrenamtliche Helfer hier abliefern. Sie kommen jeden Tag wieder. Einige haben sogar Urlaub genommen, einer hat sich krank schreiben lassen, manche haben keine Arbeit, andere hetzen nach der Umschulungsstunde oder der Schicht hierher. Sie wissen nicht, woher dieser Zusammenhalt kommt. Thomas Vinzens sagt: »Union ist allet, wat ick noch habe. Dit ist det Wichtigste in meinem Leben.« Wenn man sie fragt, warum, faseln sie den Unsinn von der Widerstandsmannschaft der DDR-Oberliga.

Thomas Höft weiß ja auch keine Antwort. Er hat die »Über-alle-Grenzen-Mütze«. Höft ist zweiunddreißig Jahre alt, Maschinist und wohnt noch »bei Muttern« in Altglienicke. »Ick bin eher ein Einzelgänger. Fußball war schon immer meine Welt. Hertha und Union. Ick gehe zu beiden. Deswegen och die ›Über-alle-Grenzen-Mütze‹. Vielleicht gehe ick so oft zum Fußball, um Leute kennenzulernen. Weil, sonst lerne ick ja keene kennen. Und hier bei den Aktionen lernste natürlich auch ein' Haufen Leute kennen. Da fühl ick mich schon ein bißchen besser.«

Als er am Donnerstag nach der Schicht auf dem Alex erschien, um mitzuprotestieren, war die weiß-rote Fahne leider schon wieder eingerollt. Die Aktion war vorzeitig abgebrochen worden. Thomas Höft stand ein wenig unpassend zwischen den Hütchenspielern und Straßenmusikanten herum. Mit seiner »Über-alle-Grenzen-Mütze«. Er konnte auch niemanden anrufen. Er weiß ja nicht, wo die anderen wohnen oder wie sie heißen. Er kennt seine Mitkämpfer nur vom Sehen.

Auch Kompotti hat erst während der »Aktionen« den einen oder anderen Namen von den Jungs erfahren, mit denen er seit über zehn Jahren auf der Tribüne steht. Daß er selbst Jürgen Zeßin heißt, weiß wohl keiner bei Union. Sie nennen ihn Kompottschüssel oder eben nur Kompotti. Wegen der dicken, dunklen Brillengläser, die vor seinen Augen kleben. »Minus neun und minus zwölf«, erklärt Kompotti die Stärke. »Wobei dit eigentlich och nur Attrappe is. Dit linke iss total im Arsch, dit rechte wird och immer schlimmer«, sagt er und zieht sich die dicke Brille von der Nase. Alles nicht so schlimm. Kompotti geht nicht in erster Linie wegen der kleinen Männer im Trikot zum Fußball, sondern »wegen dit Flair drumrum«.

Er hat nicht viel Glück gehabt im Leben. Eine Zangengeburt hat ihm, so glaubt er, die Sache mit den Augen eingebrockt. Ein guter Fußballer war er nie. »Ick war zu dick.« Die Schule lief auch nicht so, er ging auf den Milchhof, sah dort aber »keene Perspektive« und wechselte schließlich zur Reichsbahn. Da macht er jetzt Gleisbauarbeiten, doch eigentlich brauchen sie ihn nicht. Auch Kompotti wohnt noch bei seinen Eltern und hat keine richtige Freundin. Es gibt ein Mädchen, das er ab und zu beim Fußball trifft. Das letzte Mal hat er sie vor dem Pokalendspiel im Olympiastadion gesehen. Das ist sechs Monate her. Seinen Job verliert er im nächsten Jahr: »Mit meine Augen finde ick nischt neuet.«

Kompotti hat wirklich eine Menge Pech gehabt. Auch die anderen sind nicht gerade Glückspilze. Fehlt bloß noch, daß Union seine Lizenz verliert.

Juli 1993

Ick bin doch Mäcki, kennste ma nich?

Reinhard Lauck hat ein allerletztes Mal versucht, Fußball zu spielen

An einem verregneten Sommernachmittag fand Reinhard Lauck einen Brief in seinem Briefkasten, der mal nicht von einer Behörde kam, sondern von Jürgen Croy. Er riß ihn gleich auf. Es war eine Einladung zur Neuauflage des WM-Fußballspiels, das die DDR 1974 mit 1:0 gegen die BRD gewonnen hatte.

Lauck stand also in dem abgetakelten Hausflur seines Ostberliner Neubaublockes und las von seinem Mannschaftskameraden Jürgen Croy, der damals, vor zwanzig Jahren, im Tor stand. Er las von Sepp Maier, dem BRD-Torhüter, von Beckenbauer, Cullmann und seinem Gegenspieler Overath. Er las von Hamann, Vogts, Breitner und Joachim Streich. Und wie er da so stand und las, da begann komischerweise sein Bauch zu schrumpfen. Die dumpfen Stiche und Drücke in seinem Körper waren plötzlich weg. Er kriegte wieder richtig Luft, er konnte riechen, seine Zunge war nicht mehr pelzig und abgestumpft, der Rasen war grün, richtig grün. Und er, Mäcki, er rannte und rannte, er kämpfte, er meldete Günter Netzer ab und Wolfgang Overath, er fiel auf die Knie, als er eine Chance verpaßte, und sie schmerzten überhaupt nicht, er jubelte, als Sparwasser ins Tor schoß, er jubelte, als der Schlußpfiff kam. Und, wenn er nun ein Bier brauchte, dann nur, weil er durstig war. Nur deshalb.

Er brauchte ein Bier.

Nein, sagt der Sportredakteur, wir wollen nichts über Lauck. »Was willst du denn mit Lauck? Der ist doch in seinem Zustand wirklich keine Werbung mehr für den Sport.« Nein, sagt die Telefonstimme in Laucks ehemaligem Fußballklub, wir wissen nicht, wo Mäcki heute lebt und was er macht. »Aber mal im Ernst, was wollen Sie denn von dem? Der war ja nun schon vor Jahren von der

Olympische Goldmedaille
1976

Rolle.« Nein, sagt sein ehemaliger Nationaltrainer, ich weiß nicht, ob der Reinhard beim Traditionsspiel mitmacht. »Sie wissen schon, was ich meine?«

Nichts weiß ich! Welcher Zustand?

Man findet in den Zeitungsarchiven nicht viel über den Berliner Fußballspieler Reinhard Lauck. Offenbar galt er nicht als gesprächig. Es gibt ganz wenige Interviews, in denen Lauck Sachen sagt wie: »Die Fußballanhänger erwarten gerade vom Kapitän ein gutes Spiel«, »Wir wollen natürlich gewinnen, und ich glaube auch, daß uns ein Sieg gelingen kann«, oder: »Malta kann vor allem auf der Mittelmeerinsel ein sehr unbequemer Gegner werden.«

Meistens findet man mitten in diesen Interviews einen kleinen Kasten, über dem »Statistisches« steht oder »Zahlen und Fakten« oder »Zur Person« und der im Falle Reinhard Laucks so ausgefüllt wurde: »Geboren 16. 9. 1946 in Sielow, Größe: 1,76 m, Gewicht: 76 kg, Familienstand: verheiratet, Beruf: Kfz-Schlosser, größte Erfolge: Olympiasieg 1976, 6. Platz bei der Weltmeisterschaft 1974, FDGB-Pokalsieger mit dem 1. FC Union Berlin 1968, mehrfacher DDR-Meister mit dem BFC Dynamo.«

Der Mann, der etwa fünfundzwanzig Jahre nach dem Pokalsieg des 1. FC Union aus der Werkstatt kommt, hat mehr als sechsundsiebzig Kilogramm. Viel mehr. Sein Gesicht ähnelt dem auf den vergilbten Reinhard-Lauck-Fotos ein wenig. Es ist runder und röter. Es ist weich, müde, unentschlossen, ergeben. Der Mann tut, was man ihm sagt, erzählt das Gesicht.

Es ist Feierabend, Reinhard Lauck hat geduscht, die Haare gescheitelt und steckt in einem kunterbunten Jogginganzug. Es riecht um ihn nach Pitralon, Waschpaste und Pfefferminz. »Tachschen«, sagt er mit leiser, seltsam hoher Stimme und guckt ungläubig. Lange her, daß ein Reporter was von ihm wollte. Sehr lange her. Vor zwölf Jahren, als er aufhörte, gab's ein, zwei kurze Nachrufe in Berliner Zeitungen, und dann war Alltag. Arbeit, Familie, Fernsehen, mal ein Bierchen. Oder zwei.

Zum Anfang ging er immer noch zu den Heimspielen seines BFC ins Cantian-Stadion. Aber eines Tages stand da ein junger Schnösel, der ihn ohne Karte nicht reinlassen wollte. Lauck beschwerte sich. »Ick bin doch Mäcki, kennste ma nich?« Nein, der Schnösel kannte ihn nicht, und wahrscheinlich war die Beschwerde nicht von der Art, daß sie diesem den Angstschweiß auf die Stirn getrieben hätte. Mäcki ging und kam nicht wieder.

»Ick weeß zwar nich so richtig, wat de willst, aba heute iss es echt doof«, sagt Mäcki und haut mir bedauernd mit einer großen, schaufelartigen Pranke auf die Schulter. »Dit Auto muß in de Wäsche. Wegen morgen.« Der Nissan vor der Werkstatt sieht zwar schön sauber aus, aber Lauck will, daß er glänzt, wenn er zum Traditionsspiel vorfährt. Das Auto ist neu und groß, es ist sein ganzer Stolz. Etwas, was seinen ehemaligen Mannschaftskameraden demonstrieren kann, daß aus Mäcki auch was geworden ist. Oder anders gesagt, daß Mäcki nicht abgestürzt ist. Denn Mäcki selbst kann das nicht überzeugend belegen.

Am nächsten Morgen biegt die Pitralon-Pefferminzwolke um eine Ecke in den Rathauspassagen. Lauck ist hier eingezogen, als es noch ein Privileg war, so dicht am Alexanderplatz zu wohnen. Heute ist es einfach nur Neubau, achter Stock. Gut gelegen, schlecht geschnitten. »Oben regnet es dir uff'n Kopp, und unten wohnen Neger-Diplomaten und so 'ne Kasperköppe«, charakterisiert Lauck die Gegend. Er glaubt, daß sein Haus sowieso bald abgerissen wird. »Dann müssen wa raus. Iss vielleicht och janz jut so.«

Es ist fünf Uhr früh. Es graut in Berlin, die Straßen sind leer. Lauck scheut den kurzen Weg durch die Mitte. »Außenrum iss et kürzer. Ick kenn ma da aus.« Er kennt sich nicht aus. Er will nicht durch den Westen fahren, sondern den Umweg, den er früher fuhr, als es nur den Umweg gab. Das kostet eine Stunde, in der Mäcki sein Leben nach dem Fußball zusammenstoppelt. Auf die Jahreszahlen bittet er verzichten zu dürfen. »Dit krieg ick jetze nich mehr allet zusammen.« Die Grenzen sind sowieso fließend.

Zuerst hat er als Kraftfahrzeugmeister im Dynamo-Fuhrpark gearbeitet, Bonzenautos repariert, dann, irgendwann, wer weiß warum, wechselte er in die Werkstatt des Energiekombinates. Aus dieser Zeit stammt das hartnäckige Gerücht, Mäcki Lauck würde jetzt auf dem Kohlenplatz arbeiten. Dann, als die Mauer fiel, war das Energiekombinat »och nischt mehr«. Lauck wechselte in den Westteil der Stadt zu einer Tiefbaubude. »Da bin ick Schweißer und Schlosser, naja, eigentlich so Mädchen für allet uff'n Hof.« Sein Chef sei ein Fußballverrückter. »Schreib dit ruhig. Norbert Lanzemann iss ein Fußballverrückter.«

Zwölf Uhr mittags wollen sich die Traditions-Spieler in einem Ferienhotel Mengersgereuth-Hämmern treffen. Ein kleiner Ort in der Nähe des Steinacher Stadions. Nicht alle werden dasein. Der alte Sammer wird nicht kommen, Hansi Kreische hat Probleme mit dem Knie und Gerd Kische wichtigere Dinge zu erledigen. »Siegmar Wätzlich, der Verteidiger, der hat ja 'ne Kneipe. Der ist viel zu fett geworden. Außerdem sind seine Knie im Arsch«, erzählt Lauck. Auch seine Knie sind »im Arsch«. Paarmal operiert, aber immer noch nicht schmerzfrei. »Ick kann se nich machen lassen, weil ick nich solange fehlen will, dit iss ja heute anders wie früher. Aber ick hab ma für dit Spiel extra versichern lassen. Bei de West-AOK, die Ost-Versicherung wollte dit nich machen.«

Je näher wir Thüringen kommen, um so besser kann sich Lauck an damals erinnern. An den Sommer 1974. An die zum Schicksalsspiel heraufgeschriebene einzige deutsch-deutsche Fußballbegegnung aller Zeiten. Er erzählt, daß ihr schwarz-rot-goldener Mannschaftsbus auf Wunsch der DDR-Funktionäre umgespritzt werden mußte. Er erzählt, daß Franz Beckenbauer schon in der Halbzeitpause gewütet hat und die Westdeutschen nach dem Spiel »stinkesauer« waren. »Dit die absichtlich verloren haben, um in die leichtere Gruppe zu kommen, iss absoluter Quatsch.« Lauck erinnert sich, daß die DDR-Spieler die Videoanlage »mit Fernseher und allet«, die als Präsent auf ihren Hotelzimmern stand, zurückgeben mußten. »Angeblich nur, weil da so ein kleener Bundesadler druff war. Dann haben se die Dinger den Polen jegeben. Die haben se natürlich jenommen.«

Ein paarmal halten wir an Tankstellen und Raststätten an, weil Mäcki immer wieder »jewaltigen Durscht« bekommt. Am Ortsausgang von Neustadt am Rennsteig nimmt uns ein Opel die Vorfahrt. Die Opelstoßstange zerbeult die gesamte rechte Seite des glänzenden Nissan.

Rechter Kotflügel vorn, rechte Tür vorn, rechte Tür hinten, rechter Kotflügel hinten. Alles im Eimer. Der Opelfahrer ist ein freundlicher, leicht trotteliger junger Mann. »Oh, das tut mir wirklich leid. Ich hab natürlich Schuld. Ist ja klar.« Mäcki Lauck weint fast. Als sie die Personalien ausgetauscht haben, fragt der Mann: »Wollt ihr auch zu dem Spiel?« Wenn er Lauck wenigstens erkannt hätte.

Zwei Stunden zu spät treffen wir in Mengersgereuth-Hämmern ein. Mäcki parkt den Nissan ein wenig vom Hotel entfernt, damit seine Mannschaftskameraden die Beulen nicht sehen. Wir stapfen den Hügel zum Hotel hoch. Mäcki keucht. Als Jürgen Croy das hochrote Gesicht sieht, bekommt er so ein verständiges Glänzen in den Blick. Ach ja, der Mäcki. Lauck pfeift auf den guten Eindruck. Er braucht jetzt ein Bier. Der Trubel beginnt, wir verlieren uns aus den Augen.

Oskar Blechschmidt, der Besitzer des kleinen Ferienhotels, könnte sie alle küssen. Egidius Braun und auch die anderen vom DFB, die – aus welchem Grund auch immer – darauf kamen, dieses hochwichtige Spiel in Steinach auszutragen. In Steinach, das kein »angemessenes Hotel« besitzt, so daß man auf Mengersgereuth-Hämmern ausweichen mußte. Overath, Breitner und vielleicht sogar Beckenbauer in Blechschmidts Ferienhotel. Unglaublich! Lauck? Den einzigen Berliner auf dem Platz? Oh nein, den kenne er nicht, aber man könne ja nicht alle kennen. »Aber sein Name muß mit auf der Torte stehen, die wir angefertigt haben«, fällt dem Hotelbesitzer noch ein. Eine rechteckige, grüne Torte mit Marzipantoren, Mittellinien und Elfmeterpunkten aus Zuckerguß, kleinen süßen Eckfähnchen und allen Spielernamen.

Herbert Steinmetz vom Thüringer Fußballverband, der die Sache hier organisiert, kennt Reinhard Lauck natürlich. »Ja, Mäcki, klar. Ist schon da, ja? Sehr schön, sehr schön.« Steinmetz lacht kurz und asthmaartig, wobei seine Augen den Thüringer Wald hektisch nach Westgesichtern abtasten. Was interessiert ihn jetzt Mäcki Lauck. Ehemalige Ostspieler sind genug für zwei Mannschaften da. Was fehlt, sind richtige BRD-Nationalspieler.

Bislang ist nur ein kleiner, freundlicher Herr da, der »Lucki« Müller heißt und für das West-Team auflaufen will. Steinmetz lächelt ihn dankbar an. »Ich weiß jetzt nicht, wo ich den Lucki hinstecken soll. Vielleicht Nürnberg, weil's auf dem Nummernschild steht?« Die Augen des Thüringer Sportfunktionärs leuchten, als ein weiteres Fahrzeug mit Westkennzeichen auf den Hof rollt. Den großen, grauhaarigen Mann, der dem Wagen entsteigt, kennt er zwar auch nicht, lächelt ihn aber vorsichtshalber mal an wie einen ehemaligen Nationalspieler. Der Mann heißt Rainer Holzschuh. Er ist der Chefredakteur des »Kicker«.

Eine Viertelstunde danach sitzt er gemeinsam mit den Fußballern Bernd Bransch, Jürgen Croy und Jürgen Sparwasser im Kleinbus, der sie zu einem Podiumsgespräch ins Steinacher Stadion fahren soll. Neben dem Fahrer thront Harry Felsch, Pressesprecher des Thüringer Fußballverbandes. Chefredakteur Holzschuh schaut ungläubig auf den Polizeiwagen, der ihnen mit Blaulicht und Sirene den Weg durch die engen Thüringer Gassen bahnt. »Wie um Himmels willen sind Sie denn auf dieses Steinach gekommen«, entfährt es ihm. Keine komplizierte Frage für Sportfunktionär Felsch. »Na, weil Motor Steinach vor dreißig Jahren in die DDR-Oberliga aufgestiegen ist«, wirft er vom Beifahrersitz aufgeräumt zurück. »Ach so«, seufzt Holzschuh.

Er darf sich jetzt nicht ablenken lassen. Wer zum Teufel ist Motor Steinach, in diesem Moment, wo er Probleme hat, die Namen der DDR-Fußballer, die hier mit ihm im Bus sitzen, zusammenzukriegen. »Sie sind also der Brahmsch?« fragt er den ehemaligen Kapitän der DDR-Nationalmannschaft. Bransch ist inzwischen Versicherungsvertreter und widerspricht nicht mehr. »Richtig«, sagt er. »Au ja«, freut sich Holzschuh über seinen vermeintlichen Treffer und wühlt in seinen Unterlagen. »Sie haben ja ein ordentliches Spiel gemacht damals.« Bransch nickt. Croy starrt konzentriert aus dem Fenster. Und Pressesprecher Felsch berichtet stolz, daß Steinach bekannt sei für seine Schiefergriffel. »Schiefergriffel«, wiederholt Holzschuh abwesend und sieht in den Stau. Ich frage ihn nicht nach Lauck.

Vor dem Stadion hat ein geschäftstüchtiger Mensch einen Stand mit DDR-Fahnen aufgebaut. Sie gehen weg wie warme Semmeln. Menschen mit glasigen Augen, mit selbstangefertigten, zerfransten Jeanswesten schwenken die schwarz-rot-goldenen Fahnen mit Hammer, Zirkel und Ährenkranz. Fahnen, auf denen noch das Preisschild klebt. »Das ist Nationalstolz«, erklärt Lars Noll. »Ich bin Ostdeutscher, da halte ich natürlich zu den Ostdeutschen. Logisch.« Noll ist achtzehn, er kennt die Spieler nicht, denen er gleich zujubeln wird. Schon gar nicht Reinhard Lauck. »Ich kenne den Beckenbauer, Rummennigge und den mit dem großen Audi, wo ich jetzt den Namen vergessen habe.«

Das Bier fließt in Strömen, die Revolutionäre sind verwirrt. Sie wollen die DDR wiederhaben, zumindest die halbe, wenigstens aber Heinz-Florian Oertel. »Flori«, schallt es dem großen, kahlen Mann entgegen. »Flori«, »Heinz« oder auch »Waldemar«. Trunkene Hände greifen nach dem Fernsehliebling von einst, der das Jubiläumsspiel fürs Fernsehen kommentieren wird. Ein letztes Mal. Oertel, der Asket, weicht den Alkoholfahnen, die ihn anwehen, so gut es geht aus, gibt Autogramme und erkundigt sich in sanftem, gurrendem Baß: »Und seid ihr aus Steinach?« »Nee, aus Saalfeld, nee, aus Sonneberg, nee, aus Meiningen!« gröhlt es zurück. »Aha«, summt es und brummt es, »also aus dem Thüringer Wald im weiteren Sinne.« Ja, ja, ja. Heinz-Florian Oertel versteht sie noch. »Friedensfahrt«, murmelt jemand abwesend und klappert verträumt mit den Lidern. »Friedensfahrt, Flori.«

Natürlich kennt Oertel »Mäcki« Lauck. »Er stammt ja aus der Nähe meiner Heimatstadt.« Wahrscheinlich könnte er sogar Laucks ersten Übungsleiter nennen. Den Fußballer Lauck kennt er. Was danach kam, weiß er nicht genau. Von »menschlichen Schwierigkeiten« hat er gehört. Co-Kommentator Heribert Faßbender, der das Spiel damals für die *ARD* übertrug, hat Laucks Namen vergessen. »Also, ich kann mich an den Dixie Dörner erinnern, an Jürgen Croy und natürlich an Sparwasser. Aber Lau..., was sagten Sie, also den kenne ich nicht. Es ist ja auch schon sehr lange her.«

Im Stadion findet inzwischen das Podiumsgespräch statt. Jürgen Croy erinnert daran, daß der ehemalige DDR-Fußball eine Chance bekommen muß, und kriegt dafür mehr Beifall als der Stadionsprecher für seine Mitteilung, daß soeben Franz Beckenbauer mit dem Hubschrauber in Steinach gelandet sei. Günter Netzer taucht auf und wird von einem Betrunkenen angefaßt, der beteuert, nur seinetwegen Gladbach-Fan geworden zu sein. »Mensch Günter«, lallt der Mann. Netzer gelingt ein schiefes Lächeln.

Achim Streich ist kurz in Unterhosen zu sehen. Cullmann erzählt Overath grinsend, wie beschissen die Straßen hier sind. Steinmetz vom Thüringer Verband streckt Rainer Bonhof die Hand hin, worauf ihn Bonhof verständnislos anstarrt, und an der Kabinentür beantwortet der Trainer der DDR-Elf, Georg Buschner, die Frage des jungen Reporters vom *Bayerischen Rundfunk*, ob die DDR-Mannschaft nach ihrem 1:0-Sieg tatsächlich von Willy Stoph zum Essen eingeladen worden sei. »Nein«, sagt Buschner lächelnd. »Stoph hat sich überhaupt nicht für Fußball interessiert.« Keiner versteht den anderen. Es ist nicht einfach mit den symbolischen Ereignissen.

»Spielt Reinhard Lauck?« frage ich Buschner. »Nein«, sagt der alte Trainer. »Lauck sagt, er habe Beschwerden mit dem Knie.« Dann fragt er noch: »Kennen Sie ihn? Ja. Na, dann wissen Sie ja Bescheid.« Buschner rollt die Augen und lacht. Mäcki ist voll.

Das Spiel beginnt, das Stadion tobt; wenn sie heftig genug geschwenkt werden, sehen sogar DDR-Fahnen aus wie deutsche Flaggen; Sparwasser schießt das erste Tor, und ich lese im Programmheft, was aus den Spielern geworden ist. Lothar Kurbjuweit ist Geschäftsführer eines Autohauses, Wolfgang Overath Generalvertreter einer Marketingfirma, Wolfgang Blochwitz wurde Abteilungsleiter bei Carl Zeiss Jena und Paul Breitner »Psychologe und Kolumnist«. Die meisten sind heute Trainer, Berti Vogts von der Nationalmannschaft, Erich Hamann von Motor Eberswalde. Hinter Laucks Namen steht: »Mitarbeiter beim Berliner Senat«. Weiß der Teufel, wo sie das herhaben.

Jemand, der Jürgen Rudolph heißt, bohrt mir seinen Zeigefinger in die Brust und droht: »Wenn die jetzt nicht Peter Ducke bringen, dann kracht's. Peter Ducke ist mein Maßstab. Für alles. Ich bin nur wegen dem Peter hier.« Sie bringen ihn schließlich, und dann steht es 4:4, und alles ist gut. Niemand hat die Einwechslung von Reinhard Lauck gefordert. Als der Stadionsprecher ruft: »Ich hoffe, daß niemand umsonst nach Steinach gekommen ist«, muß ich an Lauck denken. Später beim Empfang steht er leicht schwankend mit einem Bierglas in der Hand.

Als er am nächsten Morgen in dem Mengersgereuther Hotelbett aufwacht, sind seine Mannschaftskameraden schon weg. Abgereist. Es ist fast Mittag, Lauck richtet sich auf und hofft für einen kurzen Moment, daß er die Sache mit der Beule nur geträumt hat.

Ein paar Wochen später besuche ich ihn zu Hause. Ich lerne seine Frau Marlinde kennen, die von Lauck nur »Paulchen« genannt wird. Die wichtigste Stütze in seinem Leben. Sie arbeitet, kauft ein, hält den Haushalt in Schuß und hilft Reinhard Lauck, sich zu erinnern. Sie weiß, daß ihr Wohnhaus nicht abgerissen, sondern saniert wird und in welcher Schublade seine goldene Olympiamedaille von Montreal liegt. »Ach Mäcki«, seufzt sie in solchen Fällen. Und Mäcki seufzt auch. Und braucht einen Schluck Bier. In die goldene Olympiamedaille hat ein Berliner Goldschmied namens Hans Sauermann (»Kannste ruhig mal erwähnen, den Sauermann.«) Laucks Namen eingraviert. Lauck holt auch noch das Mannschaftsbild aus dem Korridor und posiert damit auf der Couch. Er gibt ein bißchen an, erzählt von den vielen Freunden, die er hat, daß ihm die Leute »unten uff der Banke« oft gar nicht glauben, daß er Olympiasieger sei und daß er sich nie für irgend etwas anstellen mußte. »Die Verkäufer ham immer gesagt: Komm mal nach vorne, Mäcki. Ick brauch mich auch heute nach nischt anzustellen.« »Ach Mäcki«, sagt seine Frau. »Du bist jut. Heute muß sich doch niemand mehr nach irgendwat anstellen. Dit iss ja nu vorbei.«

Über das Jubiläums-Spiel in Steinach reden wir nicht mehr. Nur noch über den Unfall. Wie blöd der Kerl war, der ihm da reinfuhr. Es kann durchaus sein, daß Mäcki Lauck, wenn er später an das Spiel gegen Beckenbauer, Netzer und Maier denkt, nur die blöde Beule an seinem Nissan einfällt.

Manche Erinnerungen kann man sich nicht wiederholen. Man verdirbt sie nur.

Dezember 1993

Die scharfe Nockenwelle

Müller kachelt mit 148 PS und ohne Fahrerlaubnis durch den Prenzlauer Berg

Einmal hat jemand mit Kleiderbügeln nach ihnen geworfen. Mit Bügeln! Man muß schon ziemlich ohnmächtig sein, wenn einem keine bessere Waffe mehr einfällt. »Lotti« Rogalski aus der 43 dagegen nutzte den anonymen Drohbrief, Frau Handke gründete eine Mietervereinigung, und Barbara Fahrendholz schrieb an die Polizei. Wolfgang Nath schrie von seinem Balkon: »Noch so ein Ding und du kannst dir 'nen Sarg bestellen, Keule.« Einige Anwohner suchen mit der versteckten Videokamera nach Beweismaterial, und das Ehepaar Hoppe klagt über Schlafstörungen. Manche denken an Bürgerwehr. Doch die meisten bringen einfach ihre Autos in Sicherheit.

Die Sredzkistraße verliert an Farbe, je weiter sie sich von der Schönhauser Allee entfernt. Vorn die Kulturbrauerei, dann kommen ein paar hellverputzte Mietshäuser, die berühmte, vorzeigbare Husemannstraße kreuzt, in den Cafés »Eisenwerk« und »Blabla« diskutieren Menschen über Auswege und Projekte. Schließlich macht die Sredzki einen kleinen Knick, alte Frauen gucken plötzlich aus dem Fenster, in den Hausfluren riecht's nach Pisse, und der Putz bröckelt.

Hier geben Einser, Matschke, Manne und Juhnke den Ton an. Es ist ein satter, röhrender Ton, der aus ihren Motoren brüllt, oder ein hoher, kreischender, den ihre Reifen schreien, wenn die Kupplung noch schleift, der Gasfuß aber bereits bleischwer ist. Hier sind die Autofreaks vom Prenzlauer Berg zu Hause. Jungen zwischen fünfzehn und dreiundzwanzig, die Muttern nachziehen, Dichtungen wechseln und Baugruppen anflanschen, sowie Mädchen, die rumstehen.

Jetzt am Vormittag sind nur Geyer und David da, die einen angebeulten, roten Ford anschieben, der zwar 105 PS

Vargasmme
113 84109

. Minehead

website
police

www. devoncornwall
police

hat, aber Probleme mit der Batterie. Das Auto kehrt ins Leben zurück und poltert davon. Ein paar Stunden später kommt Müller. Er heißt hier nur Müller. Sein Mißtrauen Fremden gegenüber schwindet in dem Maße, in dem man seinen Motor bewundert. »Hörste dit?« fragt er, und seine kleinen Wieselaugen führen Freudentänze auf. »Dit is die scharfe Nockenwelle«, erklärt er. Dazu kommen die Sportauspuffanlage und der Fächerkrümmer, alles nicht billig, aber laut. »148 PS, da spürste schon bißchen wat«, erläutert Müller weiter. »240 macht der spielend.« Müller bewegt den Ford Escort durchs Karree. Wir treffen einen schwarzen Golf GTI, der »uff 300 Spitze« kommt, und einen Trabi »mit Schalensitze«, die »zu uns gehören«. Müller fährt forsch, aber sicher. Man merkt gar nicht, daß er nie eine Fahrschule besucht hat.

Müller spuckt mich vor dem »Ei« aus. Er muß weiter. Wohin und warum, ist unklar. Er hat ja keine Arbeit, und es ist früh am Tage. Aber Müller mag keine Fragen, die nichts mit Autos zu tun haben. Er muß weiter, sagt er. Hier vor dem »Ei« würde ich später viele seiner Freunde treffen. Und vielleicht auch ihn. Müller läßt die Breitreifen kreischen. Ich gehe ins »Ei«.

Andreas Schmücking steckt in der Zwickmühle. Einerseits trinken und essen die Jungs, andererseits verscheuchen sie die Gäste. »Was soll ich machen?« fragt sich der Wirt des »Göhrener Ei« in der Göhrener Straße und bedient sie erst mal weiter. Er sagt ihnen, daß sie sich nicht auf die Tische setzen sollen, bittet sie, die Lautsprecheranlagen ihrer Autos etwas leiser zu drehen und die Reifen nicht ganz so laut quietschen zu lassen. Etwa dreißig bis vierzig Jungen und Mädchen kommen hier jeden Abend vorbei, bevor sie zur Disko oder zu Autorennen ins Berliner Umland aufbrechen, erzählt der Wirt. Er verzagt nicht, sagt er. »Es hätte ja schlimmer kommen können.« Es ist Mittag und die Gaststätte gähnend leer.

Manne kommt als erster. Er drückt sich ein paar Minuten vor der Tür herum, lugt in den leeren Gastraum, steckt sich eine Lunte in den Mundwinkel und wartet. Manne trägt eine Zahnspange und hat im Moment keine Arbeit. Das geht ein paar anderen aus der Gang auch so, doch die meisten sind noch Schüler oder Lehrlinge. »Alles Handwerksberufe. Keine Sesselfurzer bei«, sagt Manne stolz.

Ein paar Stunden später ist die kleine Straße zugeparkt. Geyer ist da, Martin, Ricardo, der »immer Scheiße baut«, Juhnke, den sie hier nur »Harald« nennen, und Mike, der inbrünstig hofft, daß die Sperre für seine Fahrerlaubnis schon 1994 abläuft. An der Bar steht das Epizentrum der Gruppe und telefoniert. Matthias ist 21, besitzt eine Fahrerlaubnis und hatte schon über fünfzig verschiedene Autos. Das teuerste kostete ihn 1 500 Mark. Im Augenblick fährt er einen Santana für sechshundert und ist zufrieden.

Draußen stehen noch zwei schwarze Golf GTI, ein Motorrad, ein paar VW Santanas und Sciroccos. Zum Wagenpark gehören sogar ein Porsche und zwei Mantas. Elf, zwölf Mann, so schätzt die Runde, haben bestimmt einen Führerschein.

Bei Wolfgang Nath kommt alles zusammen. Er wohnt genau überm »Göhrener Ei«, sein Schlafzimmer geht zur Straße raus. Früher war er hier Abschnittsbevollmächtigter der Volkspolizei. Nath spricht von »negativen Gruppierungen«, »rowdyhaftem Verhalten«, von »Randerscheinungen«. Die Leute im Wohngebiet klingeln mit ihren Beschwerden immer noch bei ihm an. »Die haben Angst. Die wollen nicht 110 anrufen, die wollen da nicht mit reingezogen werden und vor Gericht aussagen.« Seine Frau wurde beim Blumengießen von einem der Jugendlichen angepöbelt und drohte, ihn zu verklagen. Da habe der nur lachend hochgeschrien: »Haste Zeugen, haste Beweise?« Hatte sie nicht.

Nath, der heute in Wedding Dienst tut, weiß auch nicht, wo das noch hinführen soll. Nicht, daß er sich die alten Zeiten wiederwünscht, aber sowas sei in der DDR nicht möglich gewesen. »Ich sage Ihnen eins«, sagt er und macht eine Pause. »Die hören ja jetzt sogar den Polizeifunk ab. Mit Erlaubnis der Post.« Seine Frau schüttelt den Kopf. »Wir können nur ohnmächtig zugucken, wie die Scheibe spielen.«

Gerade kommt Ernie und erklärt, daß er sich einen Anwalt genommen habe. »Wegen dem SAT-Ding.« Der Sender hatte eine Reportage über die Autofreaks gebracht. »Dit Ding stimmte vorne und hinten nicht«, sagt Müller. »Die haben uns den Sprit bezahlt, um zur Disko zu fahren. Die haben den Volvo bezahlt, den wir von *Hertz* ausgeliehen haben. Den haben wir völlig zerschrottet. Dit Öl ist nur so rausgespritzt«, erklärt David. Und eines der Mädchen sagt: »Die Reporter haben auch eine Kiste Bier gekauft. Dit haben wir dann natürlich getrunken. Und dann zeigen die dit und sagen, wir saufen.« Korrekt und mit ergriffener Stimme hieß es im Film zu der Bier-Szene: »Drei Dinge zählen im Leben der Jugendlichen in der Sredzkistraße. Das Auto, das Bier und die Musik.«

Hier und hier und hier und hier. Der erste Polizeihauptkommissar des Abschnitts 76 in Prenzlauer Berg, Bodo Duhme, wühlt im Aktenwald, um zu beweisen, daß alles nur halb so wild ist. Er hat genug von den Skandalgeschichten in der Presse und im Fernsehen. Einmal sind die Jungs aus der Sredzkistraße Chaoten, ein anderes mal Skinheads. Er hat genug von Anwohnern, die ihn mit Anzeigen eindecken, mit denen er nichts anfangen kann. Weil keine Namen drinstehen, keine Adressen, keine Beschreibungen. Sondern nur Wut, Empörung und Anklagen an die untätige Polizei. All das denkt er.

Er sagt: »Hier, 1.8. – Keine Erkenntnisse, hier, 31.7. – Keine Erkenntnisse, 29.7. – Keine Erkenntnisse, das gleiche am 26., am 27. und am 14.8.« Duhmes Stimme triumphiert. »Hier: ›25.7. Verkehrserzieherisches Gespräch mit einer Gruppe eventuell relevanter Jugendlicher geführt.‹ Wir sind in der Sredzkistraße und im ›Göhrener Ei‹ schon präsent. Aber da ist nichts von Relevanz. Das sind Jugendliche, die mit ihrer Freizeit nichts anzufangen wissen. Das ist alles. Verstehen Sie: ganz normale Jugendliche.«

Duhme erzählt von Rollenverhalten in Gruppen, von Imponiergehabe und der gesunkenen Hemmschwelle. Er erzählt von den Mühlen der Demokratie, die langsam, aber sicher mahlen, von polizeilicher Präsenz in bürgerlicher und uniformierter Kleidung. Als Höhepunkt beschreibt er den Unterschied zwischen einem Autorennen (»Dazu ist die Sredzkistraße viel zu kurz.«) und »dem sogenannten Schnell- oder Raketenstart«. Diese Dinge erzählt er, und es klingt wie: Wir können da auch nichts machen.

Im »Ei« zählen Mike, Martin und Matthias eben die Unfälle auf, in die sie schon verwickelt waren. Bislang sei ja kaum was passiert. »Menschenmäßig«, wie Mike es nennt. Nur der brennende BMW, der Trabant, der sich erst neulich überschlagen habe und einen von ihnen verletzte, ach ja, und der Schädelbasisbruch mit Karre. Dazu jede Menge kleinere Auffahrunfälle. Martin hat sich mit seinem Lada einmal fast in den Rollstuhl gefahren. Die Lenksäule verdrehte sich irgendwie glücklich für ihn. Mike hat nur ein Schleudertrauma und eine Beckenprellung beizusteuern. Und Matthias hat in grauen Vorzeiten mal einen neuen Audi aufgeraucht. Das war, als er noch ohne Fahrerlaubnis fuhr. Damals, als es noch gekribbelt hat.

In unserem Rücken erzählt jemand, daß die Göhrener viel geiler sei als die Sredzkistraße. »Der Belag is griffiger.«

»Lotti« Rogalski, Barbara Fahrendholz und auch das schlaflose Ehepaar Hoppe aus der Sredzkistraße können hoffen.

September 1993

Vier Männer in einem Zelt, das im Regen steht

Der Frankfurter Sozialdezernent Christian Gehlsen wartet darauf, daß Quantität in Qualität umschlägt

Die Szene könnte von Loriot stammen. Der Rechtsamtsleiter, die Stellvertreter des Rechtsamtsleiters, verschiedene andere Mitarbeiter des Rechtsamtes und Sekretärinnen sitzen an einem großen, eckigen Sitzungstisch und trinken ihren wohlverdienten Kaffee. Wie jeden Nachmittag. Doch diesmal klopft es an der Tür, und jemand fragt nach Gehlsen. Das gesamte Rechtsamt hebt, erstaunlich synchron, die Köpfe von den Kaffeetöpfen. »Gehlsen?« fragt ein Beamter fassungslos. Das Rechtsamt lächelt mitleidig. »Gehlsen. Gang runter links!« Die Köpfe neigen sich wieder den dampfenden Tassen entgegen. Sie werden geschüttelt. Gehlsen, Gehlsen, Gehlsen. Jetzt versaut ihnen dieser Gehlsen schon die heilige Vesper. Dieser Spinner.

Am vorigen Freitag bekam Christian Gehlsen, Sozialdezernent von Frankfurt/Oder, den Anruf aus Berlin. Die Koordinierungsstelle der Komitees für Gerechtigkeit war dran und bat, doch mal zu überlegen, wie man in Frankfurt auf den Aufruf der Bischofferöder Kalikumpel »zum Hungerstreik überall« reagieren könnte. Gut, sagte Christian Gehlsen und begann, die Aktion anzuschieben. Er holte die Leute zusammen, die er von Demos, aus Arbeitskreisen, Projekten, Komitees und aus Gruppen wie »Kopf oben« kannte. Eine Mahnwache wurde zusammengestellt und beraten, wer sich am viertägigen Solidaritäts-Hungerstreik beteiligt. Von Flächenbrand war die Rede. Von Funken, die aus Thüringen bis an die Oder überspringen. Christian Gehlsen war in seinem Element. Er predigte die Notwendigkeit außerparlamentarischer Demokratie, sprach von Signalen, Impulsen und konkreter Solidarität.

Am Montagmorgen meldeten sich vier Mann zum Hungerstreik. Der angehende Klempnerlehrling Wallroth, der

Streetworker und Lyriker Hammer, der Vorruheständler Hannemann sowie Sozialdezernent Gehlsen.

Wirklich nur eine knappe Gang-Minute von der Kaffeetafel des Rechtsamtes entfernt sitzt Gehlsen in einer anderen Welt. An der Stirnseite des Raumes hängt das *Freitag*-Poster, das den wütend ausschreitenden, eben von Eiern getroffenen Kanzler zeigt, unter dem steht: »Aufeinander zugehen!«. Dezernent Gehlsen hat es schon ein paarmal weggelegt, hängt es aber immer wieder hin, weil es ihm so gut gefällt. »Meine CDU-Kollegen fühlen sich total verscheißert«, lächelt er. »Und ein Stückchen war es auch so gedacht.« Christian Gehlsen sagt gern Sachen wie »ein Stückchen«, »ein Stück« oder »ein Stück weit«, er hat tiefliegende, gutmütige Augen und eine Stimme, die auch im Streit sanft bleibt. Der Dezernent bringt alles mit, was seine politischen Gegner rasend macht.

Und Gegner hat er im Frankfurter Rathaus genug. Kein Wunder bei einem Mann, der findet, daß »die parlamentarische Demokratie, wie wir sie jetzt und hier erleben, letztlich am Volk vorbeigeht«, und für den »Heuchelei« das Wort ist, »mit dem man das politische Klima in diesem Land am besten zusammenfassen kann«. Gehlsen sucht nach dem Geist der neunundachtziger Bürgerbewegung und findet ihn in seinem Rathaus nicht mehr. Nicht bei der SPD, schon gar nicht bei der CDU und leider auch nicht mehr beim Bündnis.

Im vorigen Jahr wurde Gehlsen beurlaubt, weil er ein gewisses Verständnis für die Motive der RAF geäußert hatte. (»Ich weiß, was grenzenlose Ohnmacht ist.«) Man holte ihn zurück, da er in Frankfurt eine Galionsfigur der Herbstrevolution ist. Und nun die Sache mit dem Hungerstreik. Gehlsen macht mit, weil er glaubt, daß man »wirkungsvolle« politische Arbeit nur noch »außerhalb der Parlamente machen kann«. Er hat begriffen, daß es etwas schizophren ist, solche Sachen zu sagen, wenn man auf einem Dezernentenstuhl sitzt, und kandidiert bei den nächsten Wahlen nicht mehr fürs Sozialamt. »Ich mache erst mal fünf Jahre APO, dann sehen wir weiter.«

Der amtierende Frankfurter Oberbürgermeister Evert wirbelt einige »Wie-soll-ich-sagen«-, »Gewissermaßen«- und »Sicherlich«-Wolken durch seine Stube, bevor er zur Sache kommt. »Ich hatte eine Aussprache mit Herrn Gehlsen. Wir haben uns so geeinigt, daß nicht der Sozialdezernent, sondern der Privatmann Gehlsen am Hungerstreik teilnimmt.« Evert würdigt Gehlsens Engagement in der Wendezeit, begrüßt allerdings auch dessen Entschluß, demnächst aufzuhören. »Es gibt da eine zu starke Diskrepanz zwischen seiner persönlichen Einstellung und seinen Dienstpflichten.«

Gehlsen nimmt das nicht übel. »Die meisten können mich als Mensch ja leiden. Aber sie verstehen mich nicht. Sie haben nicht gelitten und nicht gesehnt. Sie fühlen es nicht. Auch Bischofferode nicht. Bischofferode muß man fühlen und leiden wie das Elend in der Dritten Welt. Sonst bewegt sich nichts.« An seiner Wand hängt ein großes, düsteres Gemälde. Es heißt »Sterbezimmer«. Gehlsen schaut es an und sagt: »Natürlich halten mich einige für bekloppt.«

Um sechs Uhr abends geht der Sozialdezernent Gehlsen kurz nach Hause, um seiner Frau und den drei Kindern Gute Nacht zu sagen, eine Stunde später ist die Privatperson Gehlsen im Zelt auf dem Brunnenplatz.

Das Zelt ist vom DRK und glücklicherweise dicht. In den ersten drei Hungerstreiktagen regnet es häufig. Die Fahnen der IG Metall hängen feucht und lustlos rum, die Unterschriftenlisten schlagen Wellen, und die Bürger von Frankfurt/Oder sitzen zu Hause. Ab und zu bringt jemand aus der Nachbarschaft Kaffee oder Tee, für eine Stunde kommt eine Folklore-Gruppe, die »Drei Liter Landwein« heißt, und singt mit den vier Hungerstreikenden, nachts schauen ein paar Besoffene ins Zelt, und noch später grölen Glatzen von der anderen Straßenseite zu den »roten Säuen« rüber. Es ist kalt, die Leute im Zelt haben achthundert Unterschriften und Hunger. »Habt Euch nicht so«, steht auf dem Fax, das ihnen die ebenfalls hungernde Dresdner PDS-Vorsitzende Christine Ostrowski schickte. »Hungern ist gar nicht so schlimm. Ich bin jetzt den 7. Tag ohne Nahrung.« Sie habe gute Erfahrungen mit Mate-Tee gemacht, kann man lesen.

Frank Hammer hat schon so manche Aktion in Frankfurt erlebt. Mahnwachen, Demos, Streiks. Ob's gegen den

Kanzler ging, der schon mehrmals hier war und »nie einen Fuß auf die Erde gekriegt hat«, oder gegen die geplante Versammlung der Deutschen Alternative im vorigen November, oder jetzt eben für die Solidarität mit den Kalikumpeln. Hammer ist siebenunddreißig, hat Klubleiter und Literatur studiert, war Reinigungskraft in einem Frankfurter Kino, hat viele Gedichte geschrieben und wenige veröffentlicht. Nach der Wende wurde er Streetworker und schreibt weiter Gedichte und philosophische Essays, die keiner drucken will. Hammer ist ein großer Junge, den fast jeder in Frankfurt kennt. Im Komitee für Gerechtigkeit leitet er die Arbeitsgruppe »action«. Den Hungerstreik macht er »aus dem Verständnis heraus, daß auch dieses Staatswesen endlich ist«.

Konrad Hannemann kann sich nicht zerreißen. Leider, wie er findet, weil er sonst noch mehr tun könnte für die Bürger, die »in diesen schweren Zeiten« seine Hilfe brauchen. Hannemann ist sechzig Jahre alt, Vorruheständler und der Verbindungsmann zur Koordinierungsstelle der Komitees für Gerechtigkeit. Er ist stellvertretender Vorsitzender der PDS-Basisgruppe Frankfurt-Süd, in seiner Gartensparte ist er verantwortlich für Ökologie und Pflanzenschutz, und die Volleyball-Volkssportgruppe, in der er spielt, hält er auch zusammen. Schließlich sitzt das ehemalige LPG-Mitglied noch im Agrarausschuß der Stadtverwaltung. »Man muß ja was tun für die Landwirte. Die haben es in diesen Zeiten auch nicht leicht.«

Wieland Wallroth hat das ganze Wochenende überlegt, ob er den Hungerstreik mitmachen kann. Er ist Vertreter der »Göre«, dem einzigen besetzten Haus in Frankfurt. Und die Besetzer wollen sich von niemandem vereinnahmen lassen. So ist der Siebzehnjährige diesmal »nur als Mensch« dabei. »Ich finde einfach, daß es hier um den kleinsten gemeinsamen Nenner geht. Für die Kumpel in Bischofferode würde ich mich sogar mit irgendwelchen CDU-Heinzen ins Zelt setzen. Wallroth muß immer mal für drei, vier Stunden zur Bandprobe verschwinden. Er spielt keyboards in einer Kapelle, die Musik macht, »die ganz, ganz schwer und tief« und »so ähnlich wie Fleischmann« klingt. Ab Herbst fängt Wieland eine Klempnerlehre an. »Haste die sicher?« fragt Konrad Hannemann. »Neunundneunzigprozentig«, antwortet Wallroth. »Das ist gut. Unsere jungen Menschen brauchen doch eine Perspektive.«

Vier Mann in einem Zelt, das im Regen steht. Frank Hammer betrachtet die Zusammensetzung der Gruppe als Beispiel für »parteiübergreifende Kommunikation«. Sozialdezernent Christian Gehlsen grübelt, wie es nach dem Streik weitergehen soll. »Wir müssen prüfen, ob Bischofferode zum Fanal taugt«, erzählt er. »Wenn nicht, müssen wir weitermachen. Immer weiter. Was wir wollen, ist die neue Gesellschaft. Das schaffen wir nur durch fortwährenden, hartnäckigen Kampf. Einmal wird die Quantität in Qualität umschlagen.«

Draußen vorm Zelt ist jetzt auch die IG-Metall-Abordnung aus Eisenhüttenstadt eingetroffen. Männer mit bunten IG-Metall-Helmen, auf denen IG-Metall-Aufkleber kleben, mit IG-Metall-Stickern an der Jacke, mit IG-Metall-Regenschirmen unterm Arm, die teilweise noch eingeschweißt sind. »Wir sind hier, um die Aktion ein bißchen aufzuwerten. Haben uns ganz spontan entschieden«, erklärt Bernd Pagel, der IG-Metall-Chef vom Eisenhüttenkombinat Ost. Sie haben zur »optischen Aufwertung« ein riesiges schwarzes Stahlteil mitgebracht, das Bramme heißt. »Wir haben auch schon nach Bischofferode gefaxt«, erklärt Pagel. »Viel Erfolg gewünscht. Was man so schreibt. Daß wir fest an ihrer Seite stehen und diese Sachen. Und heute nun diese Form der Solidarität.« Und weil ihn niemand unterbricht, macht Pagel gleich weiter. »Wir trainieren hier den aufrechten Gang. Wir sind keine Menschen 2. Klasse. Niemandem soll es schlechtergehen, diese Worte klingen mir noch in den Ohren!«

Dann beißt er verstohlen von seiner Schinkenstulle ab und läßt sie wieder in der hohlen Hand verschwinden. Schließlich soll hier ein Hungerstreik aufgewertet werden.

Es ist zu befürchten, daß Christian Gehlsen nicht mehr lebt – wenn Quantität in Qualität umschlägt.

Juli 1993

Fünfundzwanzig Kalikumpel laufen durch ein totes Land

Andreas Ihsenmann hat vierhundertfünfzig verregnete, zugige Kilometer lang auf eine Lawine gewartet, und es hat nicht einmal gerumpelt

»Bischofferode ist überall«, haben sie geschrien. »Bischofferode ist überall, bringt die Treuhand jetzt zu Fall.« Sie haben geklatscht, gebrüllt, gelacht und einen Haufen Batterien fürs Megaphon verbraucht. Es blies »plattmachen« in den Herbst, »verbrecherische Treuhand«, »Endphase«, »Solidarität« und »Kali-Mafia«. Die Alleebäume haben geraschelt, der Wind pfiff, und es regnete. Das Wetter war miserabel. Vierhundertfünfzig nasse, ungemütliche Kilometer. Die Menschen haben die Fenster geschlossen und die Gardinen zugezogen.

Natürlich hatte Andreas Ihsenmann gewisse Vorstellungen, als er am 1. September in Bischofferode aufbrach, um nach Berlin, zur Treuhand, zu marschieren. Auch zahlenmäßige Vorstellungen. »Ich dachte, wir erleben eine Lawine«, sagte der Kalikumpel. »Zum Anfang, in Bischofferode sind wir zwanzig, dreißig Mann. Wir laufen durch die Orte, und überall stoßen Leute zu uns. Leute, die unsere Sorgen haben oder ähnliche. Wir werden immer mehr und mehr ...« Ihsenmann läßt es gut sein. Es klingt ein bißchen zu lyrisch und auch ein bißchen zu unwahrscheinlich. Wie ein Traum.

Die Wirklichkeit ist die rechte Fahrspur auf dem Adlergestell in Berlin-Schöneweide. Sie sind vierhundertdreißig Kilometer gelaufen, waren immer so um die fünfundzwanzig Demonstranten, manchmal mehr, manchmal weniger. Jetzt sind es vielleicht vierzig. Es hat keine Lawine gegeben. Bis hierher.

Es ist Zeit für einen Schrei. »Der Berg ruft, die Grube schreit, die Kumpels wollen Gerechtigkeit«, brüllt Ihsenmann. Die Autos von der Gegenspur schlucken den Kumpelruf. Passanten gibt es hier nicht. Doch Andreas Ihsenmann fühlt sich jetzt besser.

Wir wollen den Fusionsvertrag einsehen!
Bischofferode ist überall

Er erzählt von einem Schreiben, irgendeinem internen Bericht, von einem wahrscheinlich amerikanischen Wirtschaftsinstitut, der dieser Tage rauskommen soll. Sehr geheim und ziemlich erfolgversprechend. Und er träumt weiter vom großen Finale vor der Treuhand und später auf dem Alexanderplatz. »Die kommen dann alle«, sagt er. »Sie kommen von allen Seiten, kreisen die Treuhand ein und belagern Berlin.« Wer belagert Berlin? »Die anderen«, antwortet Ihsenmann.

Sie waren in Nordhausen, in Bernburg, in Schönebeck, Magdeburg, Brandenburg und Potsdam, in Hettstedt und in Sangerhausen. Sie haben in Obdachlosenasylen geschlafen und in vornehmen Gästehäusern, bekamen kostenloses Abendbrot und Frühstück. Oft sind Leute stehengeblieben und haben gewinkt, nur wenige beschimpften die marschierenden Kalikumpel, viele haben gehupt. »Aus Solidarität«, sagt Walli Strecker, die seit acht Jahren im Schacht arbeitet. »Die Leute waren eigentlich prima.« »Aber angeschlossen hat sich keiner, Walli«, entgegnet Brigitte Große.

Wo sich in Oberschöneweide Edison- und Wilhelminenhofstraße kreuzen, stehen seit Jahrzehnten Arbeiter und warten auf die Bahn. Es sind weniger geworden, aber sie warten immer noch. Sie schauen durch den bunten, röhrenden, tutenden, brüllenden, kleinen Bischofferöder Zug hindurch. Teilnahmslos nehmen sie Flugblätter entgegen, falten sie zusammen und stecken sie in die Innentaschen ihrer Jacken. Eine Frau ruft: »Iss ja jut. Iss ja jut. Ham wir och allet jemacht. Aber dit hilft nischt. Dit hilft nischt!«

Aus den Fenstern des Transformatoren-Werkes schauen ein paar Verwaltungsangestellte heraus. »Bischofferode ist überall«, schallt es ihnen von unten entgegen. Immer und immer wieder. Bis sie sich an ihre Schreibtische zurücksetzen. Auf den Bürgersteigen stehen Bürger mit Einkaufsbeuteln und fassungslosen Gesichtern. »He«, rufen die Bischofferöder und »Hallo« und »Winkt doch mal!«. Doch die Bürger winken nicht. Sie gucken.

»Die sind tot, alle tot«, ruft Peter Herzfeld, ein rüstiger Vorruheständler, der seit Berlin-Schönefeld mitmarschiert. »Sie hören Radio Freies Bischofferode«, schreit Jochen Müller ins Megaphon. »Wählen Sie die Frequenz Widerstand!

Kommt alle vor die Treuhand, wir dürfen nicht nur zweihundert oder dreihundert sein, sondern zweihundert- oder dreihunderttausend.« Ein Gerüstbauer lächelt spöttisch.

Manche hatten ihre Hänger mitten auf der Landstraße, manche, als die zweite Blase wuchs, manche, als sie spürten, daß die Idee nicht aufgehen könnte. Die »Lawinen-Idee«. Bischofferode, so schien es, ist eben nicht überall. Im Mansfeld, dem berühmten, war nur das Kupfer rot. Die große Magdeburger Arbeiterbastion SKET-Schwermaschinenbau schloß die Tore, als die Kumpel über die Elbe marschierten, und Brandenburg mit seinen tausenden arbeitslosen Stahlkochern war ausgestorben, als die Bergleute aufkreuzten, um für den Widerstand zu werben. »Manchmal habe ich fast geweint«, sagt Jens Fink, der seit der vierten Etappe dabei ist. »Wir sind durch totes Land marschiert. Keine Arbeit, keine Menschen.« Das habe ihn traurig gemacht, aber auch ermutigt durchzuhalten.

Sie verlassen das geisterhafte Fabrikrevier Oberspree über die Stubenrauchbrücke. Ein Mann hat sich angeschlossen. Er schiebt ein »Diamant«-Damenrad, trägt einen Trainingsanzug, ist einundsechzig Jahre alt und PDS-Mitglied.

Berlin hat sie freundlich begrüßt. Es war wie überall. Bürgermeister schütteln ihre Hände, ab und an winkt jemand vom Bürgersteig, es gab drei, vier geballte Arbeiterfäuste, ein paar Autos hupten, die Polizeieskorte arbeitete zuverlässig, und es regnete. Die Kumpel streiften sich ihre gelben Mäntel über, auf deren Rücken sie Losungen gemalt hatten, und liefen weiter. Jochen Müller feuerte seine Wortsalven aus dem Megaphon.

Am Frankfurter Tor schließt sich, mitten in einem gewaltigen Wolkenbruch, die Berliner Schauspielerin Käthe Reichel an. Sie hüpft mit einem roten Regenschirm quer über die Allee. In der Dimitroffstraße gibt Wolfgang Haltreiter, der draußen unentwegt Flugblätter verteilt, seine Brille in dem Kleinbus ab, der die Kumpel begleitet. Ein Passant habe gedroht, ihm, der roten Sau, »eine auf die Fresse« zu hauen. Er hat ja nur die eine Brille, sagt er entschuldigend. Wenig später stellt sich der Fahrer des Busses versehentlich in einen Taxistand, den er für den »Beginn unseres großen Taxi-Konvois« hält.

Sie schwenken vorsichtig in die Prenzlauer Allee ein. Niemand geht bei diesem Wetter auf die Straße. Die Kalikumpel pappen Flugblätter an klitschnasse Autoscheiben. »Wehrt Euch!« steht drauf.

Im »Haus der Demokratie« erklären derweil die Bürgerrechtler Bärbel Bohley, Christine Grabe und Klaus Wolfram sowie Andreas Steinicke und Gerhard Jüttemann aus Bischofferode der Presse »Sinn, Zweck und Herkunft« des Marsches. Wolfram erzählt von einem »Weg untenrum durch die Gesellschaft«, von »Sympathie, die in Bewegung umgesetzt werden soll«, Bärbel Bohley sagt, daß von Bischofferode ein Zeichen ausgehe, das weit über die Grube hinausreiche, und Christine Grabe erklärt: »Wir werden vor der Treuhand trommeln, posaunen, pfeifen, trillern und auch ein bißchen Spaß haben.« Andreas Steinicke, der als Anlagenfahrer im Schacht arbeitet, sagt, daß man aufstehen muß und sich nicht alles gefallen lassen darf. Dann ruft er: »Wir laufen für keine Partei und keine Gewerkschaft. Wir sind Arbeiter, die für Arbeiter marschieren.«

Der Zug erreicht die Friedrichstraße. Sie sind nur noch einen Kilometer von der Treuhand entfernt. Nur noch tausend Meter bis zum Ziel und immer noch nicht mehr als fünfzig Leute. Der »große Taxi-Konvoi« besteht aus drei Fahrzeugen. »Die Leute in diesem Land sind Schlachtvieh«, zürnt der rüstige Peter Herzfeld. »Schlachtvieh. Die haben nichts anderes verdient als die Arbeitslosigkeit.«

Doch für Andreas Ihsenmann, für Christine Haas, für Rüdiger Wiehe, für Mario Deutschbein, Walli Strecker, Brigitte Große, Andreas Steinicke, für Christine Grabe, Karin Landherr, Jens Fink und die anderen Bischofferöder Demonstranten bleibt noch ein Kilometer. Nicht mehr viel für eine große Lawine. Aber eine kleine ist noch drin. Jochen Müller schaltet das Megaphon ein: »Wir werden jetzt zur Treuhand gehen und Frau Breuel das Fürchten lehren«, schreit er. »Auf die Dauer hilft nur Kali-Power. Menschen aus dem ganzen Land marschieren jetzt zur Treuhand …«

Der kleine, mutige Zug in den gelben Regenkutten setzt sich in Bewegung.

September 1993

Ein Pferd geht länger als eine Kuh

Was Bauer Lengfeld über das hochmoderne Gewerbezentrum denkt, das vor seinem Hoftor aus dem Acker wuchs

Glücklicherweise hat es Heinrich Lengfeld nicht am Montag erwischt. Montag macht IKEA auf. Da hätten sie den Alten wohl nur mit einem Hubschrauber vom Hof holen können. Es wird so voll sein, daß kein Apfel auf die Erde fallen kann, prophezeit sein Sohn.

Jetzt, am Donnerstag mittag, rollen erst wenige Autos über die neue, glatte, vierspurige Fahrbahn vor Lengfelds Gehöft. Es ist grau und nieselig. Die Männer vom Rettungsdienst setzen ihre Schritte vorsichtig auf die schlüpfrige Erde. Sie haben den Krankenwagen halb auf der Straße geparkt, weil die Bauarbeiter, die den neuen Bürgersteig pflasterten, völlig vergaßen, daß Bauer Lengfeld auch eine Einfahrt braucht. So balancieren die Krankenhelfer die Trage mit dem stöhnenden Alten ganz vorsichtig durch den Modder. Dennoch rutscht einer der Träger fast in den Kabelgraben für die neue Straßenbeleuchtung, der zwischen Zaun und Bürgersteig verläuft.

Schließlich schieben sie den dreiundneunzigjährigen Heinrich Lengfeld doch in den Wagen. »Nach Hedwigshöh«, kommandiert der Alte von drinnen. »Ich will ins Krankenhaus Hedwigshöh!«

Die Fahrer haben ihre Anweisungen. Heinrich Lengfeld soll nach Königs Wusterhausen. Und genau da kommt er hin. Wenigstens lassen sie sich erweichen, die Schwiegertochter im Wagen mitzunehmen, denn genaugenommen ist auch das gegen die Vorschrift.

Zurück bleibt ein Mann in braunen Kordhosen, blauer Wattejacke und Filzstiefeln. Er hat einen stumpfen Schnauzbart unter der Nase, weiße Stoppeln auf den Wangen und feuchte hellblaue Augen. Er ist der Herr des Hofes. Heinz Lengfeld, Heinrichs Sohn, und auch schon sechzig Jahre alt. Er starrt dem Krankenwagen nach, wie er den Vater an der fremden, neuen Welt vorbeifährt. An der blauen IKEA-Halle, an »Teppich-Kibek«, dem »Stinnes«-Baumarkt, dem Spielzeugriesen »toys-are-us«, dem »Mediamarkt« und an »Möbeltick«, bevor er in Höhe des »Höffner«-Hochregalbunkers im Novemberdunst verschwindet. »Komm' zurück, Vadder«, sagt Heinz Lengfeld, schneuzt sich mit dem Handrücken und stapft durch den Schlamm auf den Hof.

Lengfeld drückt das Tor ins Schloß und läßt die fremde Welt draußen. Das modernste Einkaufszentrum vor den Toren Berlins verschwindet. Es ist einfach weg. Hier drinnen gibt es Pfützen, Schubkarren, Holzstapel, eine große Zinkbadewanne und Wäscheleinen. Es gibt Hunde und Katzen sowie jede Menge Hühner und Gänse. Lengfeld schnappt sich einen strammen Hahn, der sofort furchteinflößend zu krähen beginnt, und bittet, doch einmal den Umfang der kräftigen Keulen zu überprüfen. Dann führt er den Stall vor. Mit zwei prächtigen Pferden, von denen eines Lotte heiße und ein »edles Warmblut« sei, riesigen Schweinen, »fettarme Rasse, siebente Rippe«, wie der Hofherr stolz erklärt, und einem Sackvoll Ferkel. Wenn die Schweine grunzen, wie jetzt, hört man die Autos überhaupt nicht mehr. Man könnte glatt vergessen, daß Bauer Lengfeld auf einer Insel wohnt.

Rechts vom Hof, hinter seiner Pferdekoppel, steht der »Lilienthal-Park«, ein moderner, dreistöckiger Bau mit viel Glas und einem Fahrstuhl, der nicht das geringste Geräusch macht, wenn er fährt. Ganz oben sitzt Waltersdorfs Bürgermeisterin Renate Pillat in einem großen, lichten Büro, unten zieht gerade das »domino-Küchenstudio mit Bosch-Einbaugeräten« ein, dazwischen gibt es viel freie Büro- und Gewerberäume. Daneben werden bald eine BP-Tankstelle und ein McDonald's-Restaurant aufgebaut. »Plus« errichtet einen Supermarkt, um den sich viele kleine Geschäfte gruppieren werden. Wie in Amerika.

Genau vor Lengfelds Hof führt die Straße nach Grünau entlang sowie der Zubringer zur Autobahn nach Dresden, beziehungsweise ins Berliner Zentrum, und genau gegenüber stellte der schwedische Möbelfabrikant IKEA sein Kaufhaus auf. Wenigstens hinter dem Haus ist es ruhig. Manchmal. In Stoßzeiten, an Sonnabenden beispielsweise

IKEA
Teppich-Kibek
Teppich-Kibek

und am verkaufsoffenen Donnerstagabend, fahren hier entnervte Autofahrer vor, die vor den Warenhäusern keine Parkplätze finden.

Die Wohnküche des Bauernhauses ist bullig warm. Auf dem Fußboden stehen Freßnäpfe für die Katzen. Auf einem Tischchen neben der Spüle liegen Waschlappen und Seife, auf einem Bord stehen zwei Rasierpinsel und eine Flasche »Hâttric«. Ein Badezimmer gibt es nicht, nur das Plumpsklo auf dem Hof. Lengfeld brüht türkischen Kaffee, setzt sich mit in die Sitzecke, entschuldigt sich mehrfach dafür, daß er etwas verwirrt sei. »Eigentlich haut mich so schnell nichts um, aber das mit Vadder ging mir doch ganz schön an die Nieren«, sagt er und erzählt von früher.

Von Rotbach in Schlesien, wo sie herkommen, erzählt er. Er schwärmt vom Vater, »der ein herzensguter Mensch« sei und ein »Vorbild, auch als Melker«. Nach dem Krieg kam die Familie hierher in den Süden von Berlin, Heinrich Lengfeld, seine inzwischen verstorbene Frau und ihre acht Kinder. Heinz, der älteste Sohn, wurde Melker, wie sein Vater, molk die Kühe der Waltersdorfer LPG, übernahm den Hof, um den er sich ausschließlich kümmert, seitdem er 1990 seine Arbeit verlor.

Schon etwas früher begann sich Herr Krieger für Waltersdorf zu interessieren. »Ich denke mal, als die Mauer fiel, hat er sich eine Landkarte genommen, auf Waltersdorf gezeigt und gesagt, hier will ich hin«, vermutet Bürgermeisterin Renate Pillat. Drei Tage später, so sagt die Legende, soll der West-Berliner Möbelzar bei einer Waltersdorfer Familie Kaffee getrunken haben. Noch ein bißchen später hatte er sich das Gebiet neben der Autobahn zusammengekauft. Er riß einen alten Schweinestall ab. Und auch drei schäbige Mietshäuser, deren Bewohnern er Eigentumswohnungen am Dorfrand baute und schenkte. Es war ein Überraschungscoup, der heute, rein landschaftsgestalterisch, so wohl nicht mehr möglich wäre. Doch es klingelt in der Gemeindekasse, und viele Waltersdorfer fanden Arbeit in den modernen Warenhäusern. So ist man eigentlich ganz zufrieden mit der neuen Welt.

»Beschämend« findet Heinz Lengfeld, wie es da draußen vor seiner Hoftür aussieht. »Wie Pilze sind die Häuser gewachsen. Man denkt, man ist in Berlin. Ach, ich will mich ja nicht beschweren. Wenn man abends schnell einschläft, geht es ja. Trotz der Autos.« Und gegen die großen Straßenlaternen, die die Nacht vor seinem Grundstück in den Tag verwandeln, müsse er sich eben Jalousien kaufen. Es sei gar nicht so schlimm, und die Sitzecke hier sei auch von Höffner.

»Aber, daß sie Vater so durch den Dreck tragen mußten, Mensch, wie ein Stück Vieh, das ist doch unwürdig.« Er wisse auch gar nicht mehr, wie er ohne Einfahrt mit den Pferdewagen rauskommen soll. Ein Auto hat er glücklicherweise nicht. Er erzählt, daß er vorgestern früh, als er die Tiere füttern ging, irgendwelche Bauarbeiter auf seinem Hof antraf, die durch den Zaun geklettert waren. Er erzählt von den Autofahrern, die ihn an den Wochenenden regelmäßig zuparken. »Die Menschen haben einfach keinen Anstand mehr. Man belästigt doch keine fremden Leute.«

Insgesamt 3500 Quadratmeter groß ist Lengfelds Grundstück. Natürlich gab es auch schon Interessenten. »Da waren mal zwei junge Männer da. Feine Pinkel, sage ich Ihnen, und einen Schlitten hatten die, mein lieber Mann. Die haben natürlich viel Geld geboten. Nee, das Grundstück erbt mein Ältester. Was soll ich mit den Millionen? In Berlin aus'm Fenster gucken?« Und nach einer Weile sagt er: »Das letzte Hemd hat keine Taschen.« und muß natürlich wieder an den Vater denken. Da braucht er erst mal einen Schnaps. Und dann noch einen.

Und so erfahre ich viel von Fohlung und Beschälung, wie man, wenn man solche Unterarme hat wie er, ein Kalb in Rücken-Steiß-Lage allein dreht, daß er in diesem Jahr noch mal den Eber »zuläßt«, die Sau im übrigen vier Monate »geht«, während das Pferd länger geht als eine Kuh, ich erfahre, daß er, Heinz Lengfeld, mit seinen sechzig Jahren immer noch über jeden Tisch springe.

In diesem Moment kommt seine Frau wieder, wirft einen vorwurfsvollen Blick auf die geröteten Wangen ihres Gatten und sagt: »Irgendwas mit Opas Herzschrittmacher stimmt nicht. Sie sagen, im Dezember isser wieder draußen.« Heinz Lengfeld atmet auf. »Und jetzt«, sagt Inge Lengfeld, »müssen die Schweine gefüttert werden.«

Die Tür fällt hinter der Insel ins Schloß. Abgase dampfen in die Novembernacht. Glänzende, surrende Autos kriechen langsam über die breite Fahrbahn, Scheinwerferpaare suchen Parkplätze. Menschenmassen fluten in die Kaufhäuser und wieder hinaus. In Höffners Möbelpalast bewegt sich ein gläserner Fahrstuhl. Es ist Donnerstagabend, verkaufsoffen.

Im blauen IKEA-Kasten werden die letzten Möbel gerückt. Am Montag ist Eröffnung. Kein Apfel wird zu Boden fallen. Sagt der Bauer.

November 1993

Mann war das ein Jahr!

Olaf Buse fährt nach Bayern,
Scheunemann erwartet keine Höhepunkte,
Bodo Höflich hat viertausend Nasse
und Czichos will nicht nach Spanien

Legen wir noch ein Brett nach. Es knistert und knackt in der alten Tonne. Die Flammen fressen das gebrochene Holz an, Funken sprühen, und langsam sickert die Wärme in die kalten Fingerspitzen, bis sie kribbeln. Es ist kalt, klar und beinahe gemütlich, hier an der Tonne. Das Feuer prasselt, und die heiße Luft vibriert. Die rußigen Ruinenmauern tanzen, die Schornsteinstümpfe biegen sich, und die alten, schwarzen Fabrikhallen mit den eingeschlagenen Fenstern zerfließen wie heißes Pech. Legen wir noch ein Brett nach. Mann, war das ein Jahr.

Im Januar dachte wohl keiner der Männer, die das riesige Gelände der Elektrokohle AG in Berlin Lichtenberg sanierten, daß er im Dezember noch Arbeit haben würde. Übriggeblieben waren nur die Alten, die woanders nichts mehr fanden. Gut zweihundert Mann, die meisten seit Jahrzehnten im EKL. Im März wurden die ersten entlassen, im Mai liefen die meisten ABM-Stellen aus. Ende Mai kreierten Treuhand, Arbeitsamt und das Land Berlin ein rettendes, neues Beschäftigungsmodell. Einen »dritten Arbeitsmarkt« praktisch. Im Juni waren die Arbeiter wieder da und sanierten nun für die ABSL-GmbH. Im Herbst wurde das gesamte Vorhaben neu ausgeschrieben. Im Dezember empfahl die Geschäftsführung ihren Arbeitern, schnell noch ihren Resturlaub zu nehmen. Man wisse ja nie, wie und ob es weitergeht. Vor zwei Wochen wurden dann alle zu einer Betriebsversammlung in die ehemalige Elektro-Werkstatt geladen, wo ihnen mitgeteilt wurde: Es geht weiter.

Was für ein Jahr! Und das ist nur die Kurzform. Die Eckdaten. Die Männer dazu sind in kleinen Grüppchen über das vierzig Hektar große Gelände verteilt. Man findet sie, wenn man dem Rauch folgt. Der Rauch, der aus den Tonnen steigt, an denen sie sich die Hände wärmen.

Karl-Heinz Jäschke und Olaf Buse sammeln unterm Langsieb Eisen- und Blechteile. Die Tonne qualmt in Reichweite. Jäschke wirft ein Brett nach, läßt die Finger knacken und erzählt sein Jahr. »Also, ich war ja im Mai schon mal auf dem Arbeitsamt. Ich habe richtig Arbeitslosengeld gekriegt. Zweihundertachtundneunzig Mark die Woche. Hab' ich ja dann zurückgezahlt, als es weiterging. Ich war natürlich froh, weil meine Frau ja auch seit drei Jahren arbeitslos ist. Fachverkäuferin für Lederwaren ist sie. Sie hat auch 'ne Umschulung für elektronische Kassen gemacht und sowas, hilft aber nichts. Naja, und die Tochter mußte jetzt in der Videothek aufhören, weil sie ja immer erst so spät nach Hause kommt und so vielleicht das Sorgerecht für ihren Sohn nicht kriegt. Sie will sich scheiden lassen. Ja, das war 93.«

Jäschke feiert nicht großartig Silvester. Er darf nichts trinken, weil er es mit dem Herzen hat. Seit diesem Jahr. Die Sorgen, glaubt er.

Sein Kollege Olaf Buse hat das Auf und Ab in diesem Jahr eher gelassen verfolgt. »Ick seh dit nicht so verbissen. Ick meine, selbst wenn ick arbeitslos wäre. Soll ick mir 'n Strick nehmen? Nee!« Buse zündet sich eine Zigarette an und beschließt: »Dit war eigentlich ein jutet Jahr.« Dafür spreche der Videorecorder, den er sich gekauft habe, die neue Anbauwand und auch die Eckcouch. »Soviel neue Sachen in einem Jahr wären im Osten nich möglich jewesen. Man soll nicht immer nur den Kopp im Sand rinstecken.« Buse hat kleine schwarze Kugelaugen, trägt ein Goldkettchen um den Hals und ist achtundvierzig Jahre alt. Am 1. Januar wird seine Frau, die als Finanzsachbearbeiterin in einem Altenheim arbeitet, von einer Kirchen-Gemeinde übernommen. Dann wollen sie auch endlich mal Urlaub machen. In den Bergen. Bayern wahrscheinlich. »Eigentlich leben wir wie Gott in Frankreich«, sagt Buse.

Scheunemann kommt mit dem Gabelstapler, um ein schweres Gußrohr abzuholen. Er hat den Staplerschein gemacht, nachdem er bei NARVA entlassen worden war. Neunundzwanzig Jahre lang hatte er dort als Einrichter

in der Glühlampenfertigung gearbeitet. Vor einem Jahr hat ihn das Arbeitsamt hierher geschickt. »Is schon bißchen komisch. Bei NARVA hatten wir Vakuum-Hygiene, und hier wühl ick im Dreck«, sagt Horst Scheunemann. »Aber man jewöhnt sich an allet.« Das Jahr, sagt er, war wie jedes andere seines achtundfünfzigjährigen Lebens. Ohne Höhepunkte. Vom kommenden erwartet er nicht viel mehr.

Unter dem Stumpf des Schornsteines, der früher mal das zweithöchste Gebäude Berlins war, steht Heiko Bedicke und freut sich. Er hat gestern erfahren, daß er »draußen« einen Job bekommt. Er wird Kraftfahrer in Mariendorf. Ab 1. Januar. Er war ja mit Abstand der jüngste von allen. »Es ist wunderbar. Unbeschreiblich.«

Bodo Höflich bleibt. Er brennt die letzten Eisenteile aus dem Geröllberg, der Anfang der Woche noch das EKL-Feuerwehrhaus war. Höflich hat die Augen eines Kindes, obwohl er schon sechsunddreißig Jahre alt ist, von denen er einundzwanzig bei Elektrokohle zubrachte. Er ist zufrieden mit dem Jahr. »Wir haben viel abgerissen.« Nur im Privaten lief es »nich janz so dolle«. Bodo Höflich schiebt die Schweißerbrille in die Stirn und erzählt drauflos.

Neulich sei er mit seiner kleinen Tochter gestolpert, ihm sei nichts passiert. Sie habe sich das Bein gebrochen. Seit kurzem komme »komischerweise« das Unterhaltsgeld, das er regelmäßig auf das Konto seiner Lebensgefährtin überweise, dort nicht mehr an. Er selbst habe »viertausend Nasse« auf seinem Konto. »Aber nicht mehr lange.« Er wolle das Loch eventuell mit Waggon-Entladungen stopfen. Am meisten wurme ihn aber zur Zeit der Brief, den er vorige Woche vom Gericht bekam. »Also, die wollen tausend Mark von mir haben. Angeblich habe ick Mietrückstand. Und dit bei sechs Daueraufträge.« Seine große Tochter wollen sie jetzt von der Schule schmeißen. Sie sei Bettnässerin. Anfang des Jahres habe er mal in einen Finanzberaterlehrgang »rinjerochen« und wenig später einen Kredit von achttausendfünfhundert Mark aufgenommen, »um die Sachen halbwegs über Wasser zu halten«.

Ab nächstes Jahr aber werde alles anders. Wie denn? »Not macht erfinderisch«, sagt Bodo Höflich.

Als Bodo noch von einer Karriere als Finanzberater träumte, hat er probiert, seinen Kollegen Grundstücke zu verkaufen. Wolfgang Czichos zum Beispiel. »Ach, der Bodo, der ist ein Verrückter«, sagt Czichos. »Wovon sollen wir denn ein Grundstück kaufen. Ich verdiene hier tausendfünfhundert Mark im Monat.« Czichos steht mit ein paar anderen Kollegen am Westkreuz des Geländes unter dem riesigen, toten Waggon-Entladekran. Er ist seit neunundzwanzig Jahren hier und malt aus der Erinnerung Luftschlösser in die Kraterlandschaft. Da stand der Vertikalofen und da der Kohlebunker, hier gab es das Badehaus und dort hinten die Tankstelle. »Ach, was soll's«, fängt sich der Achtundvierzigjährige. »Hauptsache, wir haben Arbeit. Das ist auch das Beste, was ich von 1993 sagen kann.«

Czichos hat sich im vorigen Jahr einen Opel Corsa, den kleinsten, geleistet. »Eigentlich hätte ich keinen gebraucht, aber meine Kinder haben mich überredet. Ich könnte sie so besser besuchen. Sie haben ja recht. Aber die Raten drücken schon ganz schön.« Seine Frau, die eigentlich Köchin sei, habe als Reinigungskraft angefangen. »Da bleiben nach Abzug aller Verpflichtungen monatlich achthundert Mark zum Leben. Wir kommen hin.« Verreisen will er nicht. »Was soll ich in Spanien?« fragt Czichos. Einmal war er in Salzgitter bei Verwandten. Eine schöne Stadt, findet er. Aber er sei doch froh gewesen, wieder zu Hause zu sein.

Er geht zu den anderen an die Tonne. Hartmut Tamm steht dort, der vor einem Jahr aus dem Stahlwerk Riesa hierherkam, Edwin Riedel, der seit einundzwanzig Jahren EKLer ist, Jochen Ludewig mit den dicken Brillengläsern, der schon zweiunddreißig Jahre lang jeden Tag aus Glienicke nach Lichtenberg kommt. Anderthalb Stunden hin, anderthalb Stunden zurück. Staplerfahrer Scheunemann wärmt sich und natürlich der dicke Bernd Hoffmann, der hier vor fünfunddreißig Jahren seine Lehre begann.

Sie feiern Silvester zu Hause, sagen sie. »Mit unserem Geld gehen wir nicht mehr auf Tanzsäle«, erklärt Riedel, und Timm erzählt, daß er jetzt mal im Ku'damm-Karree in die Speisekarte geguckt hätte und gleich abgedreht wäre. »Dit Bier fünf Mark.« Scheunemann berichtet, daß er neulich trotzdem mal im Café Kranzler ein Kännchen Kaffee für zwölf Mark getrunken hätte. »Ick wollte einfach mal wissen, wie dit ist.« »Ja, aber wer soll sich denn das auf Dauer leisten?« fragt Riedel. »Na, ick hab ja gelesen, dit die Deutschen angeblich im Schnitt 52 000 Mark in diesem Jahr verdient haben«, erzählt Tamm. »Da haben se wohl Boris Becker mitgezählt.« Sie lachen.

Von hier hat man einen Blick über die gesamte Abrißstelle. Hoffmann wirft das letzte Brett des Jahres in die Tonne. Es knistert, und die Luft vibriert. In ihrem Rücken dröhnt die Vulkanstraße. Sie schauen alle nach vorn, auf die abgebrochenen Schlote, die Trümmerhaufen und die schwarzen Fabrikhallen. Denken sie jetzt an früher? Träumen sie von vergangenen Zeiten?

»Nee«, sagt Hoffmann. »Wir kieken nur, ob der Meister kommt. Der kommt ja immer, wenn man gerade mal rumsteht. Is doch so.«

Dezember 1993

Alexander Kluge im Gespräch mit Alexander Osang

Kluge: Alexander Osang, Sie wurden 1962 in Berlin geboren und sind inzwischen einer der bekanntesten Journalisten in Deutschland. Nach der Wende wurden Sie Reporter, danach Chefreporter der *Berliner Zeitung*. Zur Zeit berichten Sie aus New York für den *Spiegel*. Von Ihnen liegen mehrere Reportage-Bände vor, 2000 erschien Ihr erster Roman unter dem Titel »Die Nachrichten«. Ausgangspunkt aller Ihrer Arbeiten ist der Umbruch in der DDR im Herbst 1989. Wie haben Sie diese Zeit erlebt?

Osang: Rauschhaft. Ich hatte wenig Distanz zu den Ereignissen. Ich war ja von all den Veränderungen genauso betroffen, wie die Menschen über die ich geschrieben habe. Die Grenzen zwischen uns waren verwischt. Ich habe praktisch in den Geschichten gelebt, die ich erzählt habe. Es gibt ja sowieso keine Objektivität in der Reportage, aber in diesen Tagen wurde mir das besonders deutlich. Ich war Teil der Umbrüche, die ich beschrieben habe. Es war schwerelos, aufregend.

Ich weiß gar nicht, wie lange dieser Zustand angehalten hat. Jetzt habe ich wieder sehr viel mehr Distanz.

Kluge: Es war ja doch eine Bewegung wie in der Französischen Revolution. Von Woche zu Woche änderte sich die Öffentlichkeit.

Osang: Ja. Es gab eine Zeit, kurz vor und nach dem 7. Oktober, da wäre es durchaus logisch gewesen, wenn die Demonstranten neben den Stasi-Zentralen auch die Zeitungsredaktionen gestürmt hätten. Sie sind ja schon unten durch die Karl-Liebknecht-Straße demonstriert, wo die Nachrichtenagentur ADN war und auch der Berliner Verlag. Wir saßen oben in der Redaktion, sie hätten nur abbiegen brauchen. Aber sie sind vorbeigelaufen und zwei, drei Monate später hatten wir Journalisten dann wieder die Autorität. Niemand wäre mehr auf die Idee gekommen uns anzugreifen, wir schienen Teil der Bewegung zu sein. Komisch war das. Ich habe auch nie darüber nachgedacht, jetzt mal einen Moment still zu sein. Ich habe geschrieben und geschrieben.

Mein Vorteil war sicher, daß ich sehr jung war, daß ich eigentlich nichts zu verlieren hatte. Viele meiner Kollegen müssen sehr große Angst empfunden haben. Angst um ihren Arbeitsplatz, Angst davor, daß sie von neuen Leuten ersetzt werden oder daß die Zeitung ganz abgeschafft wird oder eingeht. Aus heutiger Sicht ist es ja ein Wunder, daß die Leute weiter die Zeitungen gelesen haben, die ihnen jahrelang die Taschen vollogen. Solche Ängste hatte ich jedenfalls überhaupt nicht, so daß ich diese Zeit richtig genießen konnte. Für einen Journalisten ist ein solcher Wechsel der Gesellschaften natürlich wunderbar. Das war das prägendste Erlebnis meines gesamten Lebens. Und ich merke auch heute noch wie das meinen Blick, selbst in Amerika, geprägt hat. Mir fällt immer wieder auf, daß sich mir in bestimmten Situationen Parallelen zur DDR aufdrängen.

Kluge: Sie haben doch bestimmt tausend Namen im Kopf von Leuten, deren Lebenslauf abgebrochen ist, die sich völlig umorientieren mußten.

Osang: Ich weiß gar nicht, ob ich wirklich so viele Namen im Kopf habe. Mehr Bilder vielleicht. Es gab eine Zeit am Anfang der 90er Jahre, als die Schwerelosigkeit vorbei war. Ich habe begriffen, daß das alles Konsequenzen hat. Es klingt ja jetzt, zehn, elf Jahre danach, fast unglaubwürdig, aber ich habe wirklich nicht daran geglaubt, daß Leute ihre Arbeit verlieren können. Mich hat immer angekotzt, wenn die Ostler sagten, wir haben gar nicht gewußt, wie wir betrogen worden sind. Dieses Gestaune über Wandlitz fand ich lächerlich. Ich meine, es hat doch jeder gesehen, daß die Parteiführung andere Autos fährt. Es war klar, daß die Politiker Realitätsverlust haben, es war klar, daß die Medien nicht die Wirklichkeit widerspiegelten. Ich war ja Wirtschaftsredakteur. Aber dann habe ich 1992 für GEO so eine große Reportage über Industriearbeiter im Osten geschrieben. Das hat mich umgehauen, ich war in Brikettfabriken, Gasereien, Gerbereien, Glaswerken, wo es aussah wie in der Hölle. Die Arbeiter haben da jeden Tag ihr Leben riskiert. Es war wie eine Reise in ein anderes Jahrhundert. Und die Arbeiter haben trotzdem so an diesen Scheißjobs gehangen. Es war unvorstellbar. Ich habe in der Zeit sehr, sehr viele Porträts geschrieben, viele davon über Menschen, deren Leben richtiggehend zerbrochen ist. Sie sind in dem Buch »Die stumpfe Ecke« gesammelt. Irgend jemand hat mal geschrieben, ich habe meine Karriere auf diesen zerstörten Karrieren aufgebaut. Das ist in gewisser Weise nicht mal falsch.

Ich habe mich dann sehr schnell von den Lebensumständen der Leute wegbewegt, die ich beschrieben habe. Ich hatte irgendwann einfach nicht mehr ihre Sorgen. Das war auch eine neue Erfahrung.

Kluge: Sie haben unter anderem einen Preis dafür bekommen, daß Sie den ehemaligen Radrennfahrer Täve Schur, bei seinem Wahlkampf für die PDS begleitet haben.

Osang: Das war viel später. 1998. Es war auf eine andere Art erhellend als die *Geo*-Reise. Täve hat große Radrennen gewonnen, war wohl der bekannteste, populärste, größte Sportler der DDR überhaupt. Ich habe ihn zwar nicht mehr erlebt, aber ich habe als Kind auch an der Straße gestanden, wenn die Friedensfahrer kamen. Die Sportler wurden schon zu DDR-Zeiten oft von der Politik benutzt. Auch Täve war ja Volkskammerabgeordneter. Aber damals war er geschützt, jetzt nicht mehr. Es fuhr ein PDS-Öffentlichkeitsarbeiter mit ihm rum, um zu verhindern, daß er zu großen Unsinn erzählt. Da Täve kein großer Rhetoriker war, hat er ihn präpariert für diesen Wahlkampf. Doch dann hat Schur Dinge gesagt, mit denen er sich wirklich um Kopf und Kragen redete, er hat sich total ungeschickt verhalten und war erkennbar überfordert. Nach meiner Meinung hat ihn die PDS verheizt. Leute wie Gysi und Brie haben doch ganz genau gewußt, daß sie mit Täve nur Stimmen fangen wollten.

Kluge: In ihrem Buch »Ankunft in der neuen Mitte«, in der sich dieses Porträt findet, schreiben Sie an anderer Stelle über die Poesie des Kommerzes. Was meint das?

Osang: Das ist ein Zitat des französischen Architekten, der die Galerie Lafayette entworfen hat und auf diese Weise sein Bauwerk beschreiben wollte. Ich habe die »Poesie des Kommerzes« als Überschrift für eine Reportage über die Ostberliner Friedrichstraße verwendet. 1996 war gerade dieses schöne französische Kaufhaus dort eröffnet worden. Zur gleichen Zeit kämpfte auf der anderen Straßenseite ein alter Tanzlehrer ums Überleben der kleinen privaten Tanzschule, die er seit 50 Jahren dort betrieb. Ich habe das ungewöhnliche Nebeneinander in dieser Straße beschrieben, hier das alte sowjetische Haus der Kultur, ein richtiger Betonbunker, daneben die glänzende Mercedes-Benz-Niederlassung. Mir ging es darum, die Menschen zu beschreiben, die da leben, ihre Hoffnungen, ihre Träume und ein bißchen was von Berlin zu zeigen, das in dieser Zeit mitten im Umbruch war.

Kluge: Wenn man sich die Geschichte dieser Straße noch einmal vor Augen führt, so ist da bis 1989 der »Palast der Tränen« am Bahnhof Friedrichstraße, durch den die Ausreise nach Westberlin ging, rings herum fanden sich Ruinen und Baustellen. Eine Prachtstraße oder so etwas wie eine Kommerzstraße war lange Zeit überhaupt nicht zu erkennen.

Osang: Geplant hatte die aber schon Honecker. Sie hatten in den 80er Jahren auch schon angefangen sie zu bauen. Es gab da ein halbfertiges Spielcasino mit römischen Bädern, das wohl so was wie ein Edelbordell werden sollte, wenn ich die Bauarbeiter richtig verstanden habe, die das Haus dann in den 90er Jahren abrissen. Ich lief mit denen durch die Ruinen. Das war ja das Spannende an der Straße. Das sich hier die letzten Pläne der DDR-Führung mit denen des neuen Berlin kreuzten. Für fünf, sechs Jahre stand die Straße da wie eingefroren. In der Übergangszeit kamen zunächst die Tauschhändler, die die Phase der Unsicherheit nutzen, die keine langfristigen Pläne hatten und mit gebrauchten Platten oder ähnlichem handelten. Dann kam Mercedes Benz, aber daneben auch noch so ein alter Blumenladen, in dem heute Budapester Schuhe verkauft werden. Und dann gab es so große Hoffnungen von ehemaligen DDR-Unternehmen, die gerade so überlebt haben. Wie das ehemalige Kombinat »Berlin-Kosmetik«, das mitten in dieser Baustellenlandschaft ein repräsentatives Geschäft für Lippenstifte und Parfüms einrichtete. Oder der Laden für Bürgel-Keramik, die man früher nur schwer bekam. Die dachten, die Friedrichstraße wird ganz schnell zur ersten Adresse. Ich konnte das gut verstehen. Ich bin 1992 in die Wilhelmstraße eingezogen, das war die letzte Plattenbausiedlung der DDR, direkt am Brandenburger Tor. Der Hausmeister hat mir erzählt: »Das wird hier bald der Ku'damm des Ostens!« Da ist natürlich nie was draus geworden, aber woher sollten wir das wissen. Ich dachte, das ist das Zentrum, jetzt kommen alle hierher.

Kluge: Sie lernen erst allmählich, sich kapitalistisch zu bewegen, das ist eher noch amphibisch. Es fehlen die Erfahrungen, die beispielsweise die Amerikaner bei ihren Krisen 1901 und 1920 oder beim großen Crash 1929 gemacht haben.

Mit diesen Erlebnissen aus der Friedrichstraße sind Sie jetzt in New York unterwegs. Sie haben die Ostberliner Geschichten im Kopf und haben die Bilder vor Augen, während Sie durch eine doch ganz andere Welt ziehen.

Osang: Ja, das stimmt schon. Ich bin allerdings nach New York gegangen, um diese Bilder loszuwerden. Ich brauchte Distanz zu Berlin und zum Osten, glaube ich. Dieses distanzlose Schreiben über große Zeit hat mir viel weggenommen von mir selbst. Ich habe zum Schluß das Gefühl gehabt, ein bißchen die Orientierung zu verlieren, zu nahe dran zu sein an der Stadt. Durch dieses Weggehen klärt sich ein bißchen der Blick auf die deutsch-deutschen Vorgänge. Andererseits fühle ich mich in New York auf wundervolle Weise an die Wendezeiten erinnert. Die Stadt ist so unfertig, sie bewegt sich ständig. Das gefällt mir sehr gut. Es deprimiert mich, wenn Dinge fertig sind, abgeschlossen.

Kluge: Vor ihrem Weggang nach New York haben sie noch ihren ersten Roman fertiggestellt, der 2000 unter dem Titel »Die Nachrichten« im S. Fischer Verlag erschienen ist. Er handelt hier, von den Umbrüchen in Deutschland in den letzten zehn Jahren.

Osang: Anhand der Figur eines »Tagesschau«-Sprechers, der aus dem Osten kommt, beschreibe ich jemanden, der sich – wie ich – mit sehr hoher Geschwindigkeit durch die Gesellschaft bewegt hat, sozial gesehen. Er begibt sich nach Hamburg, versucht da zurechtzukommen und die Spielregeln zu lernen: Wie gelingt eine Party, welche Sachen muß ich tragen, welche Bilder muß ich kaufen, welchen Wein trinkt man, welche Frau braucht man? Er versucht, sich anzupassen. Aber kurz bevor er in dieser Gesellschaft richtig ankommt, entsteht das Gerücht, er sei bei der Staatssicherheit gewesen, und er wird suspendiert. Da er sich nicht erinnern kann, etwas derartiges getan zu haben, begibt er sich zurück in den Osten, sucht bei seinen alten Freunden, bei seinen Verwandten, seiner Ex-Frau nach sich selbst und stößt auf eine inzwischen fremde Welt. Das ist ein Problem, das mich selbst oft beschäftigt. Ich bemerke natürlich, daß ich mich seit 1990 von den Leuten, mit denen ich angefangen habe, sehr stark wegentwickelt habe. Andererseits merke ich, daß ich in dieser westlichen Gesellschaft nicht richtig angekommen bin, daß ich oft Schwierigkeiten habe zu beschreiben, was in mir passiert ist. Es ist manchmal wirklich ein Sprachproblem. Ich kann mich nicht mehr richtig verständlich machen. Alle sind so sensibel, haben sich wieder in ihren Welten eingerichtet und wollen da auch gar nicht mehr raus.

Die andere zentrale Frage des Romans ist die nach der Schuld. Bei welcher Gelegenheit bin ich womöglich schuldig geworden. Mir war diese Staatssicherheitsdiskussion immer viel zu einseitig. Ich hatte den Eindruck, daß man so einen roten Strich durch die Gesellschaft zieht und dann sagen kann, hier sind die Schuldigen, da sind die Unschuldigen. Das ist eine sehr bequeme Variante, und zwar bequem für die gesamte deutsche Gesellschaft. Für die Ostler weil ja die wenigsten bei der Staatssicherheit waren, aber die meisten sich irgendwie doch eingelassen hatten und mit diesem Land auch Hoffnungen verbunden haben. Für die Westdeutschen war dieses Verfahren auch bequem, weil man ein klares Kriterium hatte und der Meinung sein konnte, man habe jetzt verstanden, was da drüben passiert sei. Aber für mich ist das ein untaugliches Mittel, um festzustellen, ob man schuldig oder nichtschuldig ist. Hier geht es um viel mehr.

Kluge: Was hat das Ganze mit Ihrem eigenen Leben zu tun? Sie sind jetzt 38 Jahre. Können Sie ein paar wichtige Stationen beschreiben?

Osang: Eine Zeit, die mich sehr geprägt hat, war meine frühe Jugend als Ministrant im Sozialismus, also als Katholik in der DDR, in Ost-Berlin. Meine Eltern waren keine strengen Katholiken, aber sie wollten mir eine Alternative bieten und haben mich deshalb zum Religionsunterricht geschickt. Dort traf ich auf einen sehr konservativen Kaplan und einen sehr konservativen Pfarrer. Andererseits bin ich in eine DDR-Schule gegangen mit einer relativ strengen Lehrerin. Zwischen diesen Welten wird man als Zehnjähriger schnell zerrieben, und das ist eine Erfahrung, die mich, glaube ich, sehr stark geprägt hat, dieses hier das zu sagen und da jenes zu sagen, mit Angst, sich von der einen Welt in die andere Welt zu bewegen. Ich war nirgendwo richtig zu Hause. Vielleicht bin ich deshalb Journalist geworden, ich weiß nicht.

Der nächste wichtige Einschnitt war dann, daß ich mit 16 von zu Hause weggegangen bin und einen Beruf erlernt habe. Ich wurde Instandhaltungsmechaniker. Ich habe Pumpen repariert, Rohrbrüche behoben und war mit einem Entstörfahrzeug unterwegs. Nebenbei habe ich mein Abitur gemacht. Das Ganze fand in der Provinz statt.

Eigentlich wollte ich immer Journalist werden. Mein Vater war aber der Meinung, daß man in diesem Land keinen richtigen Journalismus machen könne und wollte gern, daß ich etwas Ehrliches lerne, am besten Umwelttechnik. Um später Umweltschutz studieren zu können, mußte ich erst einmal diese Berufsausbildung absolvieren, und die gab es nur in Neubrandenburg, wo übrigens auch ein Teil meines Romans spielt.

Für mich war die Provinz eine völlig neue Erfahrung. Es wurde viel getrunken, und ich habe diese ganz eigene Sprache und auch Moral der Arbeiter kennengelernt. Vielleicht zum ersten Mal bin ich hier der DDR so richtig begegnet.

Kluge: Das muß man sich wohl alles mehrsprachig denken. Da war die Sprache in der Produktionssphäre selbst, wo man sich ja bedingt auch äußern konnte. Dann gab es die offiziöse Sprache in der Verwaltung, wo die Ehrungen stattfanden und die sozialistische Tugend geübt wurde. Daneben existierte noch die Sprache der Schattenwirtschaft, nämlich so, wie man wirklich spricht. Und schließlich gab es ja noch diese Vertrauensverhältnisse, wo man ganz offen reden konnte. Wurde man da nicht zum Babylonier, daß man immer mehrsprachig redete.

Osang: Das war das, was ich schon bei meinem Hinundherpendeln zwischen Kirche und DDR-Schule kennengelernt hatte. Ich habe einen Raum betreten und wußte relativ schnell, was in diesem Raum geredet wird, was die Leute in diesem Raum von mir erwarten. Nur bei der Armee hatte ich am Anfang extreme Schwierigkeiten, mich zurechtzufinden. Die anderthalb Jahre dort waren die schlimmste Zeit meines Lebens.

Ich war Kraftfahrer bei den Luftstreitkräften, mußte so einen Riesen-LKW fahren mit Kabeltrommeln hinten drauf. Das war zu einer Zeit Anfang der 80er Jahre, als in Polen die Arbeiter streikten. Wir waren dicht an der polnischen Grenze stationiert und haben diesen enormen Druck gespürt. Einerseits habe ich mich damals noch sehr mit der DDR identifiziert, dieses Land war meine Heimat. Andererseits habe ich dort bei der Armee dann begriffen, wie dumm die Leute waren, die mir die Welt erklären sollten.

Als ich dann im Frühjahr 1983 wieder raus kam, war mein Studienplatz für Journalistik in Leipzig genehmigt, zu dem ich mich zwischenzeitlich beworben hatte – gegen den Rat meiner Eltern. Doch die Zeit bei der Armee hatte mich derartig müde gemacht, daß ich meinen Studienplatz kurz darauf zurückgab. In dieser Zeit habe ich auch eine Frau kennengelernt, die wenig später ein Kind von mir erwartete. Plötzlich wurde mir bewußt, daß ich ohne Beruf und Einkommen dasaß und bekam Panik. Ich überlegte, ob ich Lehrer werde sollte und habe mich hektisch für verschiedene Sachen beworben. Doch überall wurde ich abgelehnt. Da habe ich dann einen Bettelbrief geschrieben und darum gebeten, daß man mich in Leipzig doch nimmt. So bin ich schließlich doch noch zum Journalistik-Studium gekommen.

Kluge: Wenn man dann aber auf diese Weise gerettet wird, wenigstens vorläufig, ist man ja auch dankbar, innerlich. Jetzt will man auch was Gutes tun, etwas, worauf man stolz sein kann. Es heißt immer wieder, der Mensch will Produzentenstolz haben, ob Sandburgen, Industrie oder Krieg. Ohne Stolz kann der Mensch nicht leben.

Osang: Ich weiß nicht, ob Dankbarkeit das richtige Wort ist. Ich wurde eher vorsichtig. Ich hätte sehr genau überlegt, ob ich noch einmal alles hinschmeiße. Ich habe mir während des Studiums oft gesagt, das kannst Du nicht weitermachen, das geht nicht, und habe an meinen Vater denken müssen, aber dann habe ich mir wieder gesagt, halte durch, such' dir eine Nische. Schließlich wollte ich Sportreporter beim Fernsehen werden, habe mich dort beworben und wurde auch genommen. Mit dieser Perspektive konnte ich dann auch den Rest des Studiums überstehen. Ich wollte das einfach durchstehen. Und Leipzig, wo ich studiert habe, war ja auch eine gute Stadt. Es gab viele Klubs, Kinos, ich habe die Studienjahre sehr genossen.

Am Ende mußte ich dann vor die Absolventenlenkungskommission. In der DDR war es so, daß jeder, der studieren wollte, vorher unterschreiben mußte, daß er damit einverstanden ist, nach dem Studium für drei Jahre vom Staat dorthin geschickt zu werden, wo er gerade gebraucht wird. Man konnte also für drei Jahre nach Neubrandenburg oder Hoyerswerda geschickt werden. In meinem Fall sagte nun die Absolventenlenkungskommission: Wir brauchen Dich erst mal in der Wirtschaftsabteilung der *Berliner Zeitung*. Der Chef von der Sportredaktion des Fernsehens hat mir dann gesagt, er habe sich irgendwo oben die »Finger verbrannt« als er versuchte, mich trotzdem zu bekommen. Ich weiß nicht, was das bedeutete. Ich fing also bei der *Ber-*

liner Zeitung an, wo ich auch ein Volontariat gemacht hatte. Es war nicht so schlimm, weil die Leute da in Ordnung waren, und es war Berlin, aber ich habe gehofft, daß die drei Jahre möglichst schnell vorbeigehen. Wieder warten. Das war das eigentlich Stumpfsinnige. Meine Generation war lange nicht mehr so motiviert wie die, die zehn Jahre älter waren. Wir wollten uns einrichten. Ich glaube, deswegen sind viele Leute in meinem Alter auch zur Stasi gegangen. Sie wollten niemandem schaden, sie wollten nur ihre Ruhe haben. Doch dann fiel die Mauer, und alles wurde anders. Ich wollte nicht mehr Sportjournalist werden, oder sagen wir – nicht mehr nur Sportjournalist. Jetzt war ja alles interessant. Es gab keine Tabus mehr, man konnte über alles schreiben. Ich bin da regelrecht reingezogen worden. Es war in der Tat wie ein Rausch, vergleichbar mit einer Sucht – und mit ähnlichen Folgen. Die Zeit nach der Wende hat mich meine damalige Beziehung gekostet, sie ist in jenen Monaten zerbrochen.

Kluge: Das erinnert mich an Balzac. Der kam aus einem Dorf nach Paris. Die Stadt war ihm fremd, aber ihn faszinierte ihre ungeheure Lebendigkeit – und er merkt sich alles.

Osang: Genau, diese Parallele haben einige andere auch gezogen. Aus der DDR in den Westen zu kommen, das ist ja durchaus vergleichbar. Und so ist es mir auch gegangen: alles merken, alles aufsaugen, alles mitmachen. Und das beschreibe ich in dem Roman, aber dieser Rausch hat eben damals auch seinen Preis gehabt.

Kluge: Was wäre gewesen, wenn die DDR – dem Saarstatut gleich – ein Modellstaat von Brüssel geworden wäre? Also eine zweite Schweiz, ein hochkapitalistisches Land, nicht der Nato angehörend, aber ein Musterland der EG, neutralisiert gegenüber der Bundesrepublik, womöglich unter dem Schutze Frankreichs. Mitterrand wollte das, Thatcher hätte es auch schön gefunden, für die Russen wäre es erträglich gewesen. Wäre so etwas von der Willenskraft der Menschen in der DDR getragen gewesen, wenigstens einen Moment, einen Herbst lang, also bis zum Heiligabend?

Osang: Ich weiß nicht, ob die Begeisterung wirklich bis Heiligabend gereicht hat, aber zunächst wollten sicher viele eine reformierte DDR, ich auch. Gerade in Amerika werde ich jetzt oft gefragt, was ich in der Nacht gemacht habe, als die Mauer fiel. Um ehrlich zu sein: Ich habe dagesessen und war enttäuscht. Eine Woche lang habe ich mich idiotischerweise nicht in den anderen Teil der Stadt begeben, die jetzt laut im Jubel tanzte, obwohl ich sie seit Jahren so sehnsüchtig sehen wollte. Ich war ja nie im Westen. In den Osten bin ich ziemlich weit vorgedrungen, bis nach Nordkorea, aber niemals ein Stück in den Westen. In meinem ganzen Leben hatte ich da keinen Fuß hingesetzt und bin trotzdem nicht nach Westberlin gefahren, weil ich so enttäuscht darüber war, daß die Möglichkeit zu einem eigenen Weg damit einfach weg war.

Ich bin mir nicht im Klaren darüber, wie der neue Staat hätte aussehen können, so ein souveräner Staat, so eine Art Schweiz. Aber ich glaubte, daß die DDR genug Besonderheiten hatte, um einen eigenen Staat herzugeben. Etwas besonderes, das nicht einfach so in der großen Bundesrepublik aufgehen sollte. Ich meine, den meisten Leuten in meinem Alter war doch Polen näher als Hamburg, auch wenn sie es zunächst nicht wahrhaben wollten. Ich fühle mich weit heimeliger, wenn ich durch Tschechien fahre als – sagen wir mal durchs Ruhrgebiet. Es ist nichts, worauf ich stolz bin, es ist einfach so. Wir sind in verschiedenen Gesellschaftsordnungen groß geworden, wir sind verschiedene Menschen. Diese Eigenheiten der Menschen im Osten versuche ich ja auch in meinen Büchern zu beschreiben, um zu erklären – und auch für mich selbst zu klären –, wie haben wir eigentlich funktioniert?

Ich frage mich noch heute manches Mal, wie das sein konnte, daß ich mit all meinen Lebenserfahrungen zwei Jahre lang als Wirtschaftsjournalist gearbeitet habe, dessen Aufgabe es war, in die Betriebe zu rennen und Meldungen über Wettbewerbserfolge zu verfassen, obwohl ich gleichzeitig gesehen habe, was los war, wie alles aus dem Ruder lief. Ich kannte die Arbeiter ja, sie haben mir gegenüber kein Blatt vor den Mund genommen. Selbst bei den Betriebsdirektoren gab es Ende der 80er Jahre schon einen sehr erstaunlichen Realismus, doch in den Zeitungen herrschte immer noch die heile Welt. So eine Zeitungsredaktion war wie eine Glasglocke, die hatte ihr ganz eigenes Wertesystem, das unabhängig von der Realität funktionierte. Ich habe wieder in zwei Welten gelebt.

Diese Verhaltensweisen interessieren mich, darüber hätte ich auch gern gesprochen, aber mich hat nie jemand danach gefragt. Die Stasi-Leute mußten sich dagegen pausenlos verantworten, mußten ihr Leben auseinandernehmen, vor Tribunale treten, wurden ihre neuen Jobs wieder los, aber wir Journalisten zum Beispiel haben einfach weitergemacht. Kein Mensch hat uns jemals ernsthaft gefragt, was habt ihr damals eigentlich getan? Oft wurde der Chefredakteur rausgeschmissen, doch dabei blieb es.

Kluge: Aber nach der Wende konnte man doch über alles reden. Es wurde sogar erwartet, daß man die Dinge an die Öffentlichkeit bringt, es gab geradezu eine Entfesselung.

Osang: Das ist sicher überall passiert. Aber die öffentliche Diskussion wurde in den Medien geführt, und die haben sich nur bedingt mit sich selbst beschäftigt. Sehen Sie, man kann doch nicht erwarten, daß Menschen wie die DDR-Journalisten über Nacht ehrliche, offene Charaktere werden. Leute, die diese Art von Parteiöffentlichkeitsarbeit gemacht hatten, waren verformt. Manche tranken, andere waren Zyniker, andere nicht mehr neugierig, viele einfach unbegabt. Sie haben ab einem bestimmten Zeitpunkt versucht, ihre Haut zu retten. Dazu kam, daß die neuen Besitzer der Zeitungen gar kein Interesse daran hatten, hier etwas zu ändern. Sie wollten Geld verdienen, und dazu brauchten sie Journalisten. Die Westjournalisten kannten sich im Osten nicht aus und jungfräuliche Ostjournalisten gab es nicht. Die Wechsel betrafen in den meisten Zeitungen nur die Führungsebene. Um sie zu ersetzen, wurde nach wenig verbrauchten Leuten gesucht, sie wurden plötzlich Chefs, weil die erste Leitungsebene zumeist gehen mußte. Auf diese Weise wurde ich zeitweilig Chef der Lokalabteilung in der *Berliner Zeitung*. Unser neuer Herausgeber Erich Böhme hat dann aber relativ zügig erkannt, daß ich kein guter Leiter bin, viel zu chaotisch. Er hat entschieden: Den machen wir zum Reporter. Das war mein Glück.

Ich habe Böhme viel zu verdanken, denn er hat mir anschließend viel Platz gegeben, und den braucht man als Reporter, denn man muß erst seine Form, seinen Stil finden, ein Stück innerer Ruhe. Das klingt ein bißchen absurd, weil ich so viel geschrieben habe in der damaligen Zeit, aber ich hatte eben die Räume dafür, und mir hat auch niemand reingeredet, ich konnte mich ausprobieren, mich finden. Böhme hat so einen Biotop entwickelt für uns Reporter, und für ein, zwei Jahre hat das auch funktioniert. Ich habe nie wieder in so einer Gruppe gearbeitet.

Später unter Chefredakteur Maier kam noch die ästhetische Seite hinzu. Der hat einen Layouter aus den USA geholt, aus Maine, der zuvor schon viele berühmte Zeitungen verändert hatte. Als der das erste Mal in die Stadt kam, erklärte er, wenn er hier der *Berliner Zeitung* ein Gesicht geben solle, müsse er die Stadt erst mal richtig spüren, sich eine Weile auf sie einlassen. So was hatte ich noch nie erlebt, sonst kamen die Layouter immer und haben ihre Ideen sofort reingedrückt. Der Mann aus Maine war völlig anders, wie auch Maier als Wiener anders war. Der hat plötzlich von Liebe gesprochen, von Liebe und Charme in der Zeitung. Das hat meine Sicht auf den Journalismus noch mal verändert.

Kluge: Wenn Sie jetzt von New York aus schreiben, was sind das für Themen, die Sie bearbeiten, hat das noch etwas mit Ihren früheren Erfahrungen zu tun?

Osang: Letztlich interessieren mich immer Brüche in den Biographien. Mich hat zum Beispiel New Yorks Bürgermeister Giuliani beschäftigt, der plötzlich mitten im Wahlkampf erfuhr, daß er Krebs hat, und der dann auch noch vor zwanzig Journalisten gestand, daß er eine Geliebte hat und sich von seiner Frau trennen wird, ohne daß seine Frau davon bisher wußte. Plötzlich bekam er Tränen in die Augen und vergaß sich völlig. Man konnte innerhalb von zwei Wochen seinen Absturz beobachten. Das war wie im Film. Ich habe über einen Indianer geschrieben, dessen ehemalige Frau nach 16 Jahren aus dem Koma erwachte. Er war inzwischen in ein anderes Reservat gezogen, er war trockener Alkoholiker, er hatte vier andere Ehen hinter sich, und nun mußte er angemessen auf dieses Wunder reagieren. Das war tragisch, komisch, voller Widersprüche. Das interessierte mich. Natürlich ist es exotisch, weil es in North Dakota spielte und in New Mexiko, aber letztlich ist der Grund, warum mich die Familie Meier mit ihren vielen Kindern und Tieren in der spießigen Berliner Eigenheimsiedlung faszinierte, nicht so verschieden.

Kluge: Wo würden Sie Ihre Vorbilder sehen? Wäre Mark Twain, wäre Hemingway für Sie ein Vorbild?

Osang: Hemingway auf jeden Fall. Mark Twain verehre ich. »Huckleberry Finns Abenteuer« ist vielleicht mein liebstes Buch. Fast alle meine Vorbilder kommen aus Amerika. Viele meiner amerikanischen Journalisten-Kollegen schreiben ja auch Romane. Hier gibt es eine strenge Unterscheidung der Autoren nach bestimmten Kategorien nicht so wie in Deutschland. Daß der Reporter auch mal die Fronten wechselt, ist völlig in Ordnung. In Deutschland ist das manchmal ein Problem. Nachdem mein Roman erschienen ist, haben mich die Leute gefragt, ob ich jetzt nicht mehr Reporter sein will? Aber das hat gar nichts mit einander zu tun. Ich möchte gerne Reporter sein und ich möchte auch gern mal einen Roman schreiben, ganz einfach.

Kluge: Die operativen Reporter aus der alten Sowjetunion spielen keine Rolle?

Osang: Eher nicht. Sehr stark geprägt hat mich dagegen Kisch, vor allem sein Reportageverständnis, dieses dialektische Sehen sozusagen. Im Einzelnen das Wesentliche zu erkennen, das ist für mich die schönste Reportage. Immer am Detail zu bleiben und doch die ganze Gesellschaft aufzublättern, das war es auch, was ich mit dem Buch über Tamara Danz versucht habe. Ich wollte im Porträt einer gestorbenen Rocksängerin das Bild einer untergegangenen Gesellschaft finden. Diese Art auf die Dinge zu sehen, die habe ich in der DDR mitbekommen, denn das war die einzig möglich Form der gesellschaftskritischen Reportage.

Stark stilprägend waren dann auch die amerikanischen Journalistenkollegen aus der New-journalism-Phase der

60er und 70er Jahre, Capote und Wolfe zum Beispiel. Aus diesem Bereich kommen meine Vorbilder, es sind Leute, die sowohl Porträts als auch Romane geschrieben haben. Dazu gehört auch John Updike, den ich geradezu vergöttere, aber dessen sprachliche Macht ich eben überhaupt nicht besitze.

Wen ich kürzlich kennengelernt habe und auch sehr bewundere, ist Gay Talese. Talese hat wunderbare New-York-Reportagen geschrieben. Und auch großartige Porträts, etwa über den alternden Joe Luis, den berühmten Schwergewichtsboxer. Es war wie eine Kurzgeschichte. Tom Wolfe hat anhand dieses Porträts begriffen, daß es eine andere Art von Journalismus gibt, eine erzählende. Ich habe mich mit Talese in seinem Sommerhaus in New Jersey getroffen und später noch mal bei den Olympischen Spielen in Sydney. Das waren wunderbare Gespräche. Talese hält gar nichts von Journalisten, die Belletristik schreiben. Im Augenblick arbeitet er an einem Buch mit der Struktur eines Romans, das aber nur mit realen Personen bevölkert ist und mit realen Handlungen.

Kluge: Können Sie so abgekürzt schreiben wie die Amerikaner? Schreiben Sie inzwischen auch in Englisch?

Osang: Nein, ich schreibe in Deutsch.

Kluge: Nach Berlin leben Sie jetzt in New York. Sie sind also ein richtiger Städter, mit den ganzen Mentalitäten dazu. Wann fühlen Sie sich so richtig städtisch?

Osang: Wenn ich beginne, mich unwichtig zu fühlen. Das war auch bei meinem ersten New-York-Erlebnis so, nur damals wirkte es noch frustrierend. Das Ganze hat natürlich auch etwas Gefährliches, gerade in New York. Wenn man das Tempo verliert oder nicht hineinfindet, dann wird die Stadt zur Bedrohung. Man steht allem im Weg, auch körperlich. Zugleich hat New York aber auch etwas Behütendes. Ich fühle mich darin aufgehoben, ich lasse mich in diese Stadt richtiggehend fallen.

Eine derartige Spannung ist für mich reizvoll. Hier halte ich es noch eine Weile aus.

Februar 2001

Quellenverzeichnis

Vorwort
entstanden für dieses Buch im Dezember 1993

Eine Gulaschsuppe, ein Bier
Erstveröffentlichung in der Berliner Zeitung vom 5. Dezember 1992

Frau Breuel war wieder nicht da
Erstveröffentlichung in der Berliner Zeitung vom 7. November 1992

»Die können wir unseren Fahrgästen nicht zumuten«
Erstveröffentlichung in der Berliner Zeitung vom 5. März 1992

Ein Mann für einen Bankraub
Erstveröffentlichung in der Berliner Zeitung vom 12./13. Dezember 1992

Nur stille in der Ecke stehen und zusehen, wie die feiern
Erstveröffentlichung in der Berliner Zeitung vom 3. Oktober 1992

Sie haben immer mal an seiner Wohnungstür geschnuppert
Erstveröffentlichung in der Berliner Zeitung vom 24. Oktober 1992

Ein Galopper zieht keinen Kohlenwagen
Erstveröffentlichung in der Berliner Zeitung vom 19. Juni 1993

War Harry schon da?
Erstveröffentlichung in der Berliner Zeitung vom 15./16. Januar 1994

In Seelow schweigen nicht nur die Lämmer
Erstveröffentlichung in der Berliner Zeitung vom 11./12. April 1992

Anne, bist du's?
Erstveröffentlichung in der Berliner Zeitung vom 21./22. August 1993

Vietnamesen schwitzen nicht so stark wie deutsche Arbeiter
Erstveröffentlichung in der Berliner Zeitung vom 14. November 1992

»Mein Heim ist doch kein Durchgangszimmer«
Erstveröffentlichung in der Berliner Zeitung vom 29./30. August 1992 (ausgezeichnet mit dem Egon-Erwin-Kisch-Preis)

»Ick lass' jetze allet uff den Endpunkt zuloofen«
Erstveröffentlichung in der Berliner Zeitung vom 17. Juli 1993

»Ich mußte zehn Jahre auf meinen Skoda warten. Na und?«
Erstveröffentlichung in GEO 12/1993

Wollmamawidder
Erstveröffentlichung in GEO 12/1993

Nie verfluchte er die Maschine, die Firma oder Gott
Erstveröffentlichung in GEO 12/1993

Zehn leere gegen zehn volle
Erstveröffentlichung in GEO 12/1993

Moni iss in ihren Suff uff Strümpe los
Erstveröffentlichung in der Berliner Zeitung vom 27./28. November 1993

»Ost-Ost-Ost-Berlin!«
Erstveröffentlichung in der Berliner Zeitung vom 10. Juli 1993

Ick bin doch Mäcki, kennste ma nich?
entstanden für dieses Buch im Dezember 1993

Die scharfe Nockenwelle
Erstveröffentlichung in der Berliner Zeitung vom 4./5. September 1993

Vier Männer in einem Zelt, das im Regen steht
Erstveröffentlichung in der Berliner Zeitung vom 30. Juli 1993

Fünfundzwanzig Kalikumpel laufen durch ein totes Land
Erstveröffentlichung in der Berliner Zeitung vom 18./19. September 1993

Ein Pferd geht länger als eine Kuh
Erstveröffentlichung in der Berliner Zeitung vom 13. November 1993

Mann, war das ein Jahr!
Erstveröffentlichung in der Berliner Zeitung vom 31. Dezember 1993

Alexander Kluge im Gespräch mit Alexander Osang
Gesendet am 11.2.2001 in der Reihe News & stories der DCTP-Fernsehproduktion auf SAT 1.

Aufbau Taschenbuch

Alexander Osang
Tamara Danz
Legenden
238 Seiten. Mit 32 Abb.
ISBN 3-7466-1783-9
€ 10,00

Ihre Lebensgeschichte ist DDR-Geschichte. Alexander Osang zeichnet ihr Porträt – von der Diplomatentochter zur Sängerin von »Silly« – mit der ihm eigenen Brillanz der Beobachtung. Er nähert sich Tamara Danz über die Menschen, die in ihrem Leben eine Rolle spielten und umkreist so ein Leben zwischen Anpassung und Ausbruch im Zwergenstaat DDR, ohne voyeuristisch zu sein.

Lady Rock

AtV

www.aufbau-verlag.de